PREGÚNTALE A
SUPERNANNY

Pregúntale a SUPERNANNY

Jo Frost

Las respuestas que todos los padres quieren saber

Traducción de Pilar de la Peña Minguell

Planeta

MUCHÍSIMAS GRACIAS

A todos los que han tomado parte en el proyecto de *Supernanny* por otro año de plena dedicación.
A todas las familias británicas y estadounidenses que han entrado en mi vida como consecuencia del programa: vuestra valentía es un ejemplo para millones de personas; no os rindáis.
A mis familiares y amigos por ofrecerme siempre mucho cariño y buen humor en los momentos difíciles aunque les aburra constantemente con los pormenores del rodaje.
Al «niño grande», desde el principio.
A Liz Wilhide: formamos un gran equipo.

Dedico este libro a mis abuelos, Fran y Dick, Isabella y Nathan, por permitirme disfrutar en la edad adulta de los más extraordinarios recuerdos de la infancia.
Con muchísimo cariño, Joanne.

Título original: Ask Supernanny: What Every Parent Wants to Know

Publicado por primera vez en el Reino Unido en 2006
por Hodder and Stoughton Limited,
una división de Hodder Headline
El derecho moral del autor está demostrado

Diagonal, 662-664 - 08034 Barcelona (España)
Diseñado y compuesto por Smith & Gilmour, Londres
Fotografías: Mark Read
Tipografías: Century Schoolbook y News Gothic
Primera edición: marzo de 2007
Depósito Legal: B. 12.295-2007
ISBN 978-84-08-07188-4
ISBN 0-340-92131-5 edición original
Composición: Víctor Igual, S. L.
Impresión y encuadernación: Hurope, S. L.
Printed in Spain - Impreso en España

El editor quiere mostrar su agradecimiento a todos los niños que aparecen en este libro.

Vestuario cedido por Early Learning Centre www.elc.co.uk
y por Mamas & Papas www.mamasandpapas.co.uk

Peluquería y maquillaje por Julie Wilson

Sumario

Introducción

Esta introducción me proporciona la ocasión perfecta para dar las gracias a los millones de personas que han visto *Supernanny* y a las familias que han tenido la valentía de participar y han hecho posible el programa. Ha sido un éxito rotundo, y aún hoy, dos años después, me sorprende la acogida que se le ha dado.

Sé por los miles de correos electrónicos, cartas y llamadas telefónicas recibidos que mi labor ha inspirado verdaderamente a muchos padres con los mismos problemas planteados en el programa. Algunos han visto reflejada en él su propia vida familiar, han decidido tomar medidas y han logrado cambiar situaciones que creían inamovibles. Por eso me gusta tanto mi trabajo.

Cuando visito a una familia, paso el primer día observando su comportamiento y el modo en que los miembros conviven e interactúan en el entorno familiar. De esta forma, puedo ver cuál es la raíz de los problemas a los que se enfrentan. La resolución de esos problemas puede resultar muy compleja, como si se tratara de un puzle realmente difícil, y sólo eliminando las capas superficiales, puedo llegar a la historia que se oculta tras ellas.

Esta nueva obra reúne las respuestas a todas las dudas que surgen a quienes quieren probar mis técnicas. Los temas planteados en esta entrega se han extraído de mi correo y de mi sitio web (www.b4ugo-ga-ga-co.uk) y abarcan una gran variedad de cuestiones. Sé que un mismo problema puede aparecer en distintas áreas, pero, con el fin de evitar repeticiones, me he centrado en las áreas clave de dificultad y he organizado las preguntas (y mis respuestas) por temas.

Además, he incluido mi propio decálogo de la A a la Z. Como padres, os embarcáis en un viaje, largo y fructífero, que os proporcionará muchos momentos de disfrute, pero también malos ratos. Si no queréis tomar el rumbo equivocado, os recomiendo que consultéis mis consejos de navegación, que os permitirán mantener el optimismo. «¿Hemos llegado ya, mami?», «No, cariño, esto es sólo el principio...».

Un planteamiento optimista de la paternidad es la ÚNICA forma de conseguir que tus hijos reciban el afecto y la orientación que necesitan. El reconocimiento de sus logros les proporciona confianza en que su esfuerzo producirá resultados, además de una actitud mental positiva que conservarán en la edad adulta.

Los adultos nos expresamos libremente, a veces descontroladamente, con quienes conocemos porque pensamos que sabrán leer entre líneas si es necesario. Los niños tardan un tiempo en desarrollar esta aptitud. Ellos perciben nuestro tono de voz e interpretan literalmente lo que decimos, ¿por qué iba a ser de otro modo?

Parte de la labor que desempeño con las familias del programa consiste en enseñarles a mejorar sus técnicas de comunicación. ¡Aprender a escuchar es fundamental! Los niños buscan inspiración en sus padres, por lo que éstos deben responsabilizarse de sus acciones y mantener siempre abiertas las vías de comunicación con sus hijos. Por otro lado, vengo observando que, cuando a los padres les cuesta poner en práctica una técnica, el problema suele ser que han obviado algún paso o no han sido constantes en su aplicación, un detalle quizá insignificante para un adulto, pero importantísimo para un niño.

Antes de ser padres, muchos tienen un concepto idealizado de la clase de progenitor que desean ser. Nueve de cada diez veces, se pretende ser «perfecto», pero ¿de qué perfección hablamos? La educación de un niño implica compromiso y en ocasiones sacrificio.

Sin embargo, puedo afirmar con absoluta convicción que todos los padres terminan aprendiendo. Si se toma una decisión equivocada, hay que aprender de ella y realizar un juicio de valor más acertado la próxima vez. Sólo se cometen errores cuando se procede invariablemente del mismo modo.

El temor al fracaso, el miedo al ridículo son uno de los mayores obstáculos a los que se enfrentan los padres. EL TERRIBLE MIEDO. Es un auténtico elemento de bloqueo, una energía negativa que predispone a los padres al fracaso. Normalmente el miedo se debe al desconocimiento del resultado que una medida determinada puede producir, así como a la falta de confianza y valor. La ausencia de apoyo puede empeorar las cosas. Los padres víctimas de este temor piensan que es más fácil ignorar los problemas y confiar en que terminen desapareciendo. Sin embargo, un padre acobardado en su propio entorno familiar favorece inevitablemente el caos con el que me encuentro en *Supernanny*.

La prensa me considera una «niñera sensata sin pelos en la lengua». Sinceramente, no veo por qué iba a ser de otro modo. Quiero que los padres obtengan resultados, no que se agoten tratando de evitar el problema. La franqueza es un buen punto de partida. Da cabida a la confianza, el respeto y la intimidad con los hijos. Si para lograrlo hay que sincerarse, adelante. Lo que tengo claro es que la sinceridad permite a los padres hacer borrón y cuenta nueva, aunar fuerzas y presentar un frente sólido con el que reencauzar su familia y recordar cuáles son sus puntos fuertes y sus bendiciones. Como diría mi padre: «Joanne, por eso tenemos los ojos en la cara y no en el cogote, para mirar hacia delante, nunca hacia atrás.» Y qué razón tenía, aunque después de cuidar de niños durante más de dieciséis años, a veces creo que no me importaría tener otro par en la espalda.

«¿Puedo hacerte una foto para asustar a mi hija diciéndole que te conozco?», «Aunque estemos de crucero en medio del mar, no creas que Supernnany no puede venir nadando», «Tengo el teléfono de Supernanny y, como sigas así, papá la va a llamar», «Santa Claus habla con Supernanny», «Mamá conoce a Supernanny, así que pórtate bien». Por lo visto, me he convertido en el nuevo coco para algunos de los que me seguís, así que sólo me queda una cosa por decir: va siendo hora de que vosotros, los padres, contéis con las herramientas necesarias para convertiros en Supermami y Superpapi. Continuad leyendo, tomad las riendas y asumid el mando de vuestra vida familiar. Después de todo, es cosa vuestra.

¡QUE LO DISFRUTÉIS!

1 Dinámica familiar

Lo primero que hago cuando visito a una familia es mantenerme al margen y observar lo que sucede. Estudio la dinámica familiar, desde los primeros momentos de la mañana hasta los últimos de la noche. Observo cómo se relacionan los padres y el trato que dan a sus hijos, y anoto mentalmente cuáles son las áreas problemáticas y qué partes de la vida familiar se desarrollan con mayor normalidad. Aunque haga alguna pregunta en esta fase, nunca emito juicios ni intervengo, salvo que sea absolutamente necesario. Sólo estoy ahí como observadora de la dinámica familiar. Soy una mosca en la pared.

Muchas de las familias que han salido en *Supernanny* son conscientes de sus dificultades. Lo que posiblemente no hayan sido capaces de ver es qué desencadena determinados comportamientos de sus hijos. A veces se obcecan en un esquema concreto que no les sirve ni a ellos ni a sus hijos para encontrar una salida. También es posible que algún problema externo distorsione su percepción de la realidad doméstica. Mi cometido como mera observadora consiste primero en detectar las pautas de comportamiento y después en mostrar a los padres las distintas formas de abordar sus problemas para poder resolverlos conjuntamente.

Cuando uno se esfuerza al máximo todos los días como padre y hace juegos malabares para llegar a todo en el tiempo de que dispone, puede ser complicado apartarse un poco para disfrutar de una visión de conjunto. No todo es siempre blanco o negro. A menudo resulta difícil distinguir la verdadera raíz de un problema de sus secuelas o efectos secundarios. Muchas veces me encuentro con que los padres achacan sus problemas al comportamiento del niño o creen que una parte de sus vidas (las comidas, por ejemplo, o la hora de ir al cole) es la mayor de sus complicaciones. Esto podría ser perfectamente un reflejo de lo que sucede: por ejemplo, que el niño controle el cotarro o que las horas de las comidas se conviertan en un caos total y absoluto. Pero suele ser mucho más complejo.

Los niños a los que les cuesta ponerse en marcha por las mañanas quizá estén muy cansados. Se los puede animar a que se organicen mejor y sean más autosuficientes, pero si no duermen lo suficiente porque se acuestan muy tarde y se levantan muchas veces, el problema empieza realmente la noche anterior. A veces es muy fácil culpar de todos los problemas familiares al niño que se mete en líos constantemente. En lugar de centrarse únicamente en el niño y lo que hace, sin reparar en nada más, el análisis de la dinámica familiar en su conjunto permite a menudo detectar las razones por las que el niño, desesperado por llamar la atención, prueba todo lo habido y por haber para que le hagan caso. Cuando se sabe lo que provoca el comportamiento, el problema está ya medio resuelto.

Hace falta valor para invitar a un equipo de televisión a que entre en tu casa y desvelar tu vida familiar a todos los televidentes del país. Pero hace falta aún más valor para cambiar, admitir los errores cometidos y seguir adelante, que no es tan fácil como parece. Sólo siento respeto y admiración por todas las familias que se han prestado a tomar parte en *Supernanny* y a dejarse enseñar en público. Estas familias han sido una verdadera inspiración para los espectadores de todo el mundo. Por las cartas que recibo sé que muchos espectadores se han animado a alcanzar los mismos objetivos por su cuenta.

No es necesario exponer la vida familiar ante un equipo de televisión para beneficiarse de las técnicas que utilizo en el programa, pero éstas funcionarán mucho mejor si se invierte algo de tiempo en estudiar las pautas de la propia dinámica familiar. De esta forma se obtendrá una visión de conjunto y se verá cómo los cambios experimentados en un área conducen a mejoras en otros aspectos de la vida familiar, mejoras que posiblemente ni siquiera se esperaban.

Temas y técnicas tratados en este capítulo:

EVALUACIÓN DE LA DINÁMICA FAMILIAR con el fin de identificar los puntos flacos y los puntos fuertes.

ELABORACIÓN DE UNA RUTINA conjunta o varias rutinas en los casos de familias donde ambos padres trabajan.

TÉCNICA DE LA SINTONÍA para facilitar la comunicación de pareja.

TÉCNICA DE UNA DE TRES para ayudar a los padres a resolver sus diferencias.

TÉCNICA DEL INTERCAMBIO DE TAREAS para facilitar el reparto de las labores domésticas.

TÉCNICA DE MENOS Y MÁS para facilitar el reparto de las labores domésticas.

CÓMO HABLARLE A TU HIJO: las tres voces esenciales.

SEGUIR ADELANTE y dejar atrás los sucesos traumáticos.

PADRES SOLTEROS: cómo llevarlo.

LOS ABUELOS y esa «relación especial».

GEMELOS Y BEBÉS MÚLTIPLES: cómo atenderlos a todos.

A de Aceptación.

La vida nos reparte cartas diversas. Acepta lo que no puedes cambiar y sigue adelante.

Evaluación de la dinámica familiar

Todas las familias tienen sus puntos flacos y sus puntos fuertes. ¿Cuáles son los de la tuya? Apártate un poco. Imagina que vas al teatro y te sientas en la primera fila. Tu familia, aquí y ahora, es la obra que se representa. ¿Qué ves? ¿Cómo te hace sentir? ¿Qué te avergüenza? ¿Qué te enorgullece? ¿Qué te hace reír? ¿Qué te hace llorar?

Lleva un diario durante una o dos semanas. Anota en él las cosas buenas que pasan y también los problemas: lunes, 8.30, Rosie se ha vestido sola sin armar jaleo; viernes, 17.30, Ben le ha dado un empujón a Rosie mientras yo hacía la cena y no ha querido pedirle perdón. Repasa la lista de evaluación para poder identificar los puntos fuertes de tu familia y las áreas que pueden mejorar.

LISTA DE EVALUACIÓN:

1 Rutina

Piensa en un día normal. ¿Tienes una rutina o una hora establecida para cada cosa o es más bien un caos general? ¿Te cuesta encontrar el modo de hacerlo todo?

¿Cuándo sueles tener la sensación de que te falta tiempo? ¿Te cuesta darles el desayuno a los niños, vestirlos, lavarlos y prepararlos para que lleguen al cole a tiempo? En ese caso, ¿te levantas con tiempo suficiente para hacerlo todo antes de salir de casa? ¿O el problema es algún otro: un niño caprichoso, por ejemplo, que tarda en decidir qué ponerse, o inapetente, que prueba todas las marcas de cereales del supermercado?

Piensa en una semana normal. Podrías llevar a tu bebé a jugar con otros niños los martes por la tarde, por ejemplo, o ir al súper los sábados por la mañana. Los niños mayores pueden tener actividades periódicas o ir a jugar con sus amigos después de clase. ¿Algunos días son un auténtico torbellino de actividad sin tiempo para respirar? ¿Podrías hacer un receso otro día o cambiar de día alguna de las actividades habituales para que resulte menos agobiante?

¿Te aburre tu rutina? ¿Les aburre a tus hijos? ¿Podrías hacer uso de tu tiempo y tu capacidad de organización para darle equilibrio y diversidad a tu vida familiar?

Algunos padres llenan cada minuto del día con actividades para sus hijos (salidas, clases de música, entrenamientos de fútbol, canto), lo que sobrecarga a los niños, que jamás tienen la oportunidad de esparcirse y aprender a entretenerse. Otros conceden a sus hijos tanto tiempo libre que éstos se aburren y empiezan a pelearse con sus hermanos o a hacer travesuras. En algún punto entre estos dos extremos se encuentra el equilibrio al que hay que aspirar.

2 Cuestiones problemáticas

Cuando estás en plena faena, separando a los hermanos cada dos minutos o haciendo frente a las constantes rabietas de tu bebé, es fácil perder la perspectiva. Entonces es cuando viene bien llevar un diario. Consúltalo e intenta averiguar cuándo y dónde suelen surgir los problemas. ¿Ves algún tipo de pauta? ¿Hay algún problema latente que nunca se resuelve?

Si tus hijos riñen, discuten o se pelean, ¿por qué es? ¿Tienen problemas para compartir? ¿Hay algún juguete que sea siempre motivo de disputas? ¿La arman los niños cuando estás haciendo otra cosa: cuando hablas por teléfono o tienes visitas o cuando intentas conversar con tu pareja? ¿Cómo se portan tus hijos fuera de casa?

El momento en que se producen los berrinches puede resultar revelador. ¿Cuándo suelen pelearse tus hijos? ¿Cuándo es más probable que tu bebé tenga una rabieta? Los niños pequeños que montan una pataleta justo antes de la comida o la cena es muy posible que tengan hambre. El descenso del nivel de glucosa en sangre puede hacer que un niño tranquilo se vuelva irritable. Adelantar un poco las horas de las comidas puede aliviar la situación. Por otra parte, un niño que se pone de mal humor a última hora del día posiblemente esté muy cansado. Acostarlo un poco antes podría ser la solución.

3 Tu pareja y tú

¿Compartís el mismo estilo de paternidad? ¿Estáis de acuerdo en lo que los niños pueden hacer y lo que no? ¿Compartís la misma actitud hacia la disciplina o es uno de los dos más estricto que el otro? ¿En qué diferís? ¿En qué estáis de acuerdo?

¿Aireáis vuestras diferencias delante de los niños? Si le dices a tu hijo que ya ha visto bastante tele por hoy, ¿va a preguntarle a papá si puede seguir viéndola? ¿Consigue que le deje?

¿A cuál de los dos es más probable que haga caso el niño? ¿A cuál de los dos le cuesta más establecer límites y tiende a dejarlo correr? Con franqueza, ¿quién es el blando y quién el estricto?

Cuando hay que cuidar de los niños, ¿quién hace qué? ¿Os turnáis siempre que podéis o cae casi toda la responsabilidad sobre uno de los dos? ¿Qué pasa los fines de semana? ¿Cambian las cosas?

¿Cuánto tiempo libre tenéis como pareja? ¿En qué lo invertís: en visitar a amigos o familiares, salir, ver la tele? ¿Qué es lo que más echáis de menos de la vida que llevabais antes de tener hijos? ¿Qué es lo que más os gusta de ser padres?

4 Tareas domésticas

Haz una lista de tareas domésticas. Después, anota las que haces tú, las que hace tu pareja, las que hacéis conjuntamente y aquellas, si las hay, en las que colaboran los niños.

La lista podría incluir:

- Hacer la compra.
- Preparar las comidas.
- Poner la mesa.
- Lavar los platos.
- Limpieza general.
- Ordenar.
- Lavar y planchar la ropa.
- Reparaciones y mantenimiento general.
- Recados (devolver los libros a la biblioteca, recoger la ropa de la tintorería).
- Cuidar de las mascotas (sacar a pasear al perro, limpiar la jaula del hámster).
- Cuidar del jardín.
- Lavar el coche.
- Pagar las facturas y llevar la contabilidad de la casa.
- Organizar las agendas y las actividades de los niños.

Piensa si hay algún modo de compartir las tareas de forma más equitativa con tu pareja. Piensa en modos de enseñar a tus hijos a ser más autosuficientes a su edad. Un niño de cinco años no es demasiado pequeño para poner la mesa, y posiblemente le entusiasme ayudar, sobre todo si se elogia convenientemente su esfuerzo. Concede distintos niveles de prioridad a cada tarea para poder tener siempre bajo control las cosas importantes.

Después piensa en el baremo que te has puesto. ¿Es demasiado alto o demasiado bajo? ¿Prefieres liquidar un montón de plancha atrasada a sentarte a jugar con tus hijos, o te haría falta una semana de trabajo doméstico para poder recibir a alguien en casa?

5 Premios y castigos

¿Con qué frecuencia te percatas de que tus hijos se están portando bien? ¿Se lo dices? ¿Los premias? ¿Les das muestras de cariño? ¿Los abrazas y pasas ratos especiales con ellos?

Si los premias, ¿qué tipo de premios les das: elogios, una estrella en un gráfico de puntos (o alguna otra ayuda visual), un capricho, un juguete, una salida? ¿Te sorprendes sobornando a tus hijos para que hagan las cosas? ¿Les compras regalos cuando te sientes culpable por no pasar más tiempo con ellos o para compensar una decepción de algún tipo?

¿Qué clase de castigos usas? ¿Con qué frecuencia te sorprendes gritándoles a tus hijos? ¿Con qué frecuencia pierdes la calma? ¿Les das buen ejemplo? Si usas técnicas como el *rincón de pensar* o las salidas, ¿eres constante? Cuando le dices a tu hijo que no haga algo, ¿le explicas por qué o simplemente añades: «Porque lo digo yo»?

¿Crees que tus métodos funcionan o tienes que estar regañando a tus hijos constantemente sobre lo mismo?

6 Fuera de casa

¿Con qué frecuencia hacéis cosas en familia fuera de casa? ¿Qué tipo de salidas te divierten? ¿Cuáles les divierten a tus hijos?

¿El comportamiento de tus hijos te ha impedido alguna vez llevarlos de compras, a un restaurante familiar o a casa de un amigo? ¿Hay lugares a los que van otras familias pero donde tú nunca llevarías a tus hijos para que no te abochornen o te monten el numerito? ¿Qué pasa en las ocasiones especiales, como bodas, bautizos o cumpleaños?

¿Te resulta difícil viajar con tus hijos? ¿Cómo se portan los niños cuando los llevas al cole o vais en el coche o en tren a casa de los abuelos?

7 Atención individualizada

¿Cuánto tiempo al día recibe el niño atención individualizada de mamá o papá o de ambos? ¿Uno de tus hijos recibe más atenciones que los otros? ¿Se debe esta desigualdad a un problema de mal comportamiento o a necesidades de la edad? ¿Te cuesta equilibrar el tiempo que inviertes en atender al bebé o a tu hijo más pequeño y el que dedicas a tus otros hijos?

A de Atención.

La atención positiva es una forma poderosa de reforzar el buen comportamiento. Demuestra a tus hijos que reconoces su buena conducta.

8 Sistemas de apoyo

¿Con cuánto apoyo cuentas para aliviar la carga? ¿Dispones de canguro? ¿Tus hijos juegan habitualmente con otros niños de su edad? ¿Tienes un pariente o amigo al que puedas pedir ayuda en casos excepcionales? ¿Te cuesta pedir ayuda? ¿Crees que es tu obligación encargarte de todo y que no deberías necesitar a nadie?

9 Posibilidad de mejorar

Anota lo que más te gustaría cambiar del modo en que funciona tu familia. Quizá querrías que comierais todos juntos más a menudo disfrutar de una comida sin que los niños se peguen o se levanten de la mesa. Tal vez necesites compartir responsabilidades de forma más equitativa o acordar con tu pareja un planteamiento común. A lo mejor quieres acabar de una vez por todas con el mal comportamiento: mentiras, escupitajos, lloros, peleas o cualquier otra modalidad. Haz una lista de las diez cosas que cambiarías si pudieras.

Es importante ser realista. ¿Cómo se consigue? La mayoría de los objetivos son viables; algunos no lo son. Si los objetivos que te planteas son alcanzables, estupendo. Si tus objetivos son inalcanzables, el fracaso es prácticamente seguro. La presión familiar derivada de enfermedades, discapacidad física, tristeza por la pérdida de seres queridos, dificultades económicas u otros problemas graves posiblemente te supere. Tendrás que aprender a aceptar lo que no puedas cambiar inmediatamente y dejar de perder tiempo preocupándote por ello. No se puede transformar una situación negativa, pero se puede evitar que tenga consecuencias igualmente negativas. Todas las experiencias negativas traen consigo una enseñanza positiva. Pero es importante no exagerar. ¿Seguro que todo va tan mal?

10 Potencia tus puntos fuertes

La evaluación de la dinámica familiar no consiste únicamente en destacar las áreas problemáticas en las que se quiere trabajar o que se desea cambiar. Se debe reconocer lo que se hace bien para poder aprender a aprovechar los verdaderos puntos fuertes. No me refiero a hacer un esfuerzo sobrehumano ni a sacrificar una área de la vida familiar por otra sino a identificar lo que se hace bien como familia.

Piensa en las épocas en que todo parecía ir sobre ruedas. ¿Qué iba bien? ¿Tú y tu pareja os sentíais más relajados, menos cansados o de humor para desmelenaros y divertiros con los niños? Anota diez cosas de tu familia que te hagan sonreír.

REUNIONES FAMILIARES

Comenta los resultados de tu lista de evaluación con tu pareja o con cualquiera que se vea diariamente involucrado en el cuidado de tus hijos. Quizá convenga que la repaséis juntos. Si hay puntos en los que no estáis de acuerdo o uno de los dos asume un mayor número de responsabilidades, podéis hacer uso de alguna de las técnicas que detallamos más adelante en este capítulo, como la *técnica de menos y más* (pág. 35) o la *técnica de una de tres* (pág. 31) para limar diferencias.

P *Quiero establecer una rutina como las que he visto en* Supernanny. *¿Podrías sugerirme un buen marco de trabajo diario?*

R Como bien dices, lo primero que hago en *Supernanny* es poner en marcha una rutina viable. La escribimos en una cartulina grande y la pegamos en un sitio donde pueda verla y consultarla toda la familia. También puede anotarse en un diario, pero al tenerla pegada en la pared, todo el mundo puede saber lo que está previsto para un momento determinado del día. También habrás observado que cada rutina es distinta. Es porque cada familia es diferente, como lo son sus necesidades. No hay una rutina universal.

Para prepararte un horario, puedes empezar anotando las horas de las comidas, que son fijas. Las comidas son la piedra angular de cualquier rutina, por una buena razón: si retrasas una comida, el nivel de glucosa en sangre de tus hijos descenderá en picado y se volverán irritables, llorones o rebeldes; si la adelantas demasiado, tus hijos no tendrán suficiente hambre para comerse lo que les pongas delante, con lo que te suplicarán chucherías entre horas.

Soy partidaria de la cena temprana para los niños, entre las siete y las siete y media. De esta forma, tienen tiempo de relajarse antes de irse a dormir. Sé por experiencia que a los más pequeños les va bien acostarse relativamente pronto, entre las ocho y las ocho y media. Los niños en edad escolar pueden quedarse levantados hasta las nueve; los mayores pueden acostarse hacia las diez.

En cuanto a las mañanas, procura que los niños dispongan de tiempo suficiente para asearse, vestirse y desayunar desde que se levantan hasta que se van al cole. Si te levantas con el tiempo justo, empezarás con mal pie y no te librarás de la angustia en todo el día. Además, tus hijos no tendrán tiempo de poner en práctica sus habilidades naturales, como el vestirse solos, algo que necesitan aprender.

Una vez decidida la hora del desayuno y la de la cena, puedes fijar la hora de la comida a medio camino entre ambas. Quizá también convenga que establezcas horas para el almuerzo y la merienda.

La siguiente tabla podría servir de horario base:

Padres	Hijo 1	Hijo 2	Hijo 3
Levantarse			
Desayuno			
Juegos/actividades/siesta*			
Almuerzo			
Juegos/actividades/siesta*			
Comida			
Juegos/actividades/siesta*			
Merienda			
Juegos/actividades/siesta*			
Cena			
Baño			
Acostarse			

(*según la edad del niño)

Intenta rellenarla con el máximo detalle posible. Si tienes un bebé, ¿cada cuánto le das de comer y cuánto dura cada toma? ¿Cuál es su patrón de sueño durante el día? ¿Con qué frecuencia se despierta por las noches? Si tienes niños pequeños, ¿cuándo duermen la siesta y durante cuánto tiempo? Si tus hijos van al cole, ¿a qué hora los llevas y cuándo tienes que ir a buscarlos? ¿Cuánto tiempo les reservas para que hagan los deberes?

Si tus hijos aún no van al cole, procura asignar un tiempo para su desarrollo físico y mental. Reserva momentos diferentes para distintos tipos de entretenimiento: juego tranquilo, juegos dirigidos y puzles, juego simbólico o diversión al aire libre para que puedan desfogarse y respirar un poco de aire fresco. Varía las actividades a lo largo del día: los niños se aburren de hacer siempre lo mismo.

En tu rutina debe haber también momentos de atención individualizada para cada uno de tus hijos: jugar a un juego especial, contarles un cuento, sacarlos a la calle o ayudarlos a bañarse y acostarlos. Túrnate con tu pareja en estas tareas. El tiempo dedicado a cada niño dependerá de su edad. Mientras dedicas tiempo individualizado a uno de tus hijos, procura que los otros estén ocupados con otra actividad.

También es importante que tú y tu pareja dispongáis de tiempo para vosotros, sin los niños. En la mayoría de las familias, este momento suele llegar a última hora de la noche, cuando los niños ya se han acostado, o los fines de semana, cuando la canguro cuida de ellos. Tampoco olvides reservar un poco de tiempo para ti: para descansar, darte un baño, hablar por teléfono sin interrupciones o leer un libro tranquilamente. Como es lógico, no puedes dejar a los niños solos y tumbarte a la bartola, pero puedes dormir la siesta cuando lo hagan ellos. Esos momentos de atención individualizada y relax son lo primero que se desvanece cuando una familia vive bajo presión, pero son esenciales. La finalidad última de una rutina es proporcionarte una distribución inteligente del tiempo que te permita cubrir las necesidades de todos, incluidas las tuyas.

Por último, hay que tener en cuenta que una rutina siempre evoluciona. Los niños crecen y se desarrollan muy rápidamente. Tendrás que ir adaptando los horarios y las actividades para ajustarlos a las necesidades familiares cambiantes, tanto físicas como emocionales.

Consejo: Recarga las pilas

Asegúrate de que tus hijos y tú dormís lo suficiente y recargáis pilas. Un niño descansado es un niño receptivo.

P *No tengo claro que seguir una rutina diaria sea buena idea. ¿No resulta un poco aburrido tanto para los niños como para mí? Prefiero ser más espontánea con mi tiempo. Una de las razones por las que me gusta quedarme en casa cuidando de mis hijos es que no tengo que enfrentarme a la estricta rutina que soportaba en una oficina todos los días.*

R Una rutina no tiene por qué ser aburrida ni rígida. Su principal finalidad es estructurar el día para facilitarnos la existencia. Si dispones de una rutina, tendrás más ocasiones de divertirte que si prescindes de ella. Las rutinas proporcionan a la familia espacio para respirar, y tienen que ser suficientemente flexibles para que puedas hacer cambios aquí y allá y ajustarlas a tus necesidades.

A los niños pequeños les viene bien la rutina, porque les da seguridad. Por el contrario, si puede pasar prácticamente cualquier cosa en cualquier momento, se sienten inquietos. Un día estructurado les permite saber lo que viene después, y así se prestan más a cooperar. Además, de ese modo puedes organizarte mejor y evitar que tus hijos se aburran (o aburrirte tú).

Por ejemplo, fíjate en cómo estructuran el día en las buenas guarderías. Hay una hora para la llegada, el tentempié matinal, la comida, el aseo, el cambio de pañal, la siesta y la salida. Pero también hay momentos para distintos tipos de juego: juegos de interior (puzles, juego simbólico, estudio de la naturaleza), juegos creativos (construcciones, modelaje, pintura y dibujo), actividades en grupo (cuentos, canciones y bailes) y juegos al aire libre (trepar, correr y otras actividades lúdicas). Una rutina o estructura garantiza un buen equilibrio entre actividad y descanso, entre estimulación física y mental, y entre actividades que permiten al niño desarrollarse como individuo y las que le enseñan aptitudes sociales y de convivencia con sus semejantes.

B de Barreras.

Las barreras no son obstáculos, sino un marco seguro en el que el niño puede explorar y desarrollarse. Pon límites a tus hijos para que sepan lo que se espera de ellos.

P Creamos un horario para nuestra familia, pero a los dos días dejamos de seguirlo. ¿Qué es lo que hacemos mal? ¿O es que nuestra vida es demasiado impredecible para encajarla en un esquema preestablecido?

R La vida sólo es impredecible si queremos que lo sea. Es importante saber lo que se pretende lograr cada día, de lo contrario nuestra existencia resulta desquiciante para todos.

Lo primero que tienes que preguntarte es si has intentado seguir la rutina demasiado rígidamente. No es más que un marco orientativo, no algo completamente inamovible. ¿Te estás abocando al fracaso? ¿Tus objetivos son imposibles de lograr?

Siempre que consigas mantener las horas de las comidas y las horas de sueño más o menos en su sitio, el resto de actividades se puede mover un poco (hasta una media hora, más o menos) sin que la rutina deje de ser ventajosa. No pasa nada por que aflojes un poco las riendas cuando haga falta.

A continuación, pregúntate si el tiempo que has asignado a cada tarea es realista. Si tu hijo come despacio, ¿le das tiempo suficiente para que se termine la comida?, ¿necesita que estés más pendiente de él? Si le cuesta ponerse en marcha por las mañanas, ¿le dejas tiempo suficiente para que se prepare para ir al cole? Ajusta la rutina a tu situación particular, siempre dentro de lo razonable.

Las rutinas suelen irse al garete como consecuencia de interrupciones imprevistas. Pero los padres suelen olvidar que son ellos quienes deciden. Por ejemplo, y esto es muy corriente, si suena el teléfono cuando estás acostando a tu hijo para que duerma la siesta, no tienes por qué cogerlo. Para eso está el contestador automático. Aunque recurras a una rutina, habrá veces que tengas que improvisar, confiar en tu propio criterio y dar prioridad a una u otra cosa.

A veces las rutinas no funcionan porque los padres se rinden demasiado pronto. ¿Te comunicas bien con tus hijos? Tú sabes que se acerca la hora de la cena, pero si no se lo dices a los niños ¿cómo van a saberlo ellos? «Cenamos en diez minutos.» Adviértelos de lo que va a pasar a continuación: «Cenamos en cinco minutos. Id a lavaros las manos, por favor.» Tienes que ser una especie de reloj parlante para que las actividades no pillen por sorpresa a tus hijos y éstos puedan prepararse mentalmente para lo que viene después. Hasta los niños mayores necesitan que se los informe, sobre todo si su atención se encuentra en otro sitio.

Anota la rutina en una cartulina grande y pégala a la pared. He descubierto que de esta forma los niños mayores la consultan a menudo porque eso los ayuda a integrarse. De esta manera, se hacen responsables de su día y empiezan a implicarse más. Algunos niños incluso toman la iniciativa y van a buscar los cubiertos para poner la mesa cuando ven que se acerca la hora de la comida o la cena.

Consejo: Organiza bien tu tiempo

Acomoda a tu rutina los repartos a domicilio, las visitas de amigos, las salidas y demás actividades extraordinarias de modo que no interfieran innecesariamente en las tareas fijas del día. «¿Te importa que te llame dentro de quince minutos?» es una frase útil que conviene tener presente.

P *Tenemos tres hijos y mi mujer y yo trabajamos. Los dos mayores van al colegio, y el pequeño, Jamie, que tiene tres años, va a la guardería. ¿Cómo podríamos hacer que nuestra vida fuera un poco menos caótica? Los días siempre se nos quedan cortos: nos pasamos el tiempo en el coche recogiendo a los niños y llevándolos a sitios distintos. Hemos contemplado la posibilidad de que mi mujer deje de trabajar una temporada, pero a ella le encanta su trabajo y dice que se subiría por las paredes si estuviera todo el día en casa. Yo sigo pensando que los niños estarían mejor si ella pudiera dejar su trabajo por un tiempo.*

R Algunas madres quieren quedarse en casa, y eso es estupendo. Otras deciden esperar a que sus hijos vayan al cole para volver a trabajar, y eso es fantástico también. Las hay que deciden hacer media jornada, trabajar con horario flexible o desde casa. A otras no les queda más opción que volver al trabajo, porque la familia necesita los ingresos de los dos para pagar la hipoteca o el alquiler y cubrir los gastos de manutención.

En tu caso, tu mujer dice que quiere trabajar, y ésa es una consideración importante, porque forma parte de su personalidad. Es comprensible que no quiera dejar el trabajo si eso le supone perderse alguna oportunidad de ascenso o incluso la posibilidad de recuperar el puesto que ocupa o uno similar cuando los niños sean mayores. Lo mejor para los dos es que habléis tranquilamente de vuestros objetivos personales y familiares y de lo que estáis dispuestos a sacrificar en cada caso.

A fin de cuentas, cada familia es única, y lo que funciona con una no tiene por qué funcionar con otra. Lo importante es que estéis satisfechos con las decisiones que tomáis como pareja y como familia. Sopesad los pros y los contras. Si a los dos os gusta vuestro trabajo, buscad el modo de llegar a un acuerdo y sed lo suficientemente flexibles para que las necesidades individuales queden satisfechas.

Si el principal problema al que os enfrentáis es la distribución del tiempo, tampoco hay tanto de que preocuparse. Preparad una rutina o un programa que incluya todas las horas clave del día, y elaborad un horario semanal que detalle el resto de las tareas habituales: la compra, las actividades extraescolares, etc. Después, analizad los horarios para ver dónde se producen los cuellos de botella. Cuando los padres trabajan, no se puede improvisar: hay que organizarse bien y distribuir el tiempo correctamente. Por ejemplo, supongamos que el jueves toca fútbol, ¿quién recoge al niño después del entrenamiento?, ¿quién se encarga de que tenga el equipo de fútbol preparado antes de ir al cole por la mañana?

Propuestas que podrían resultar útiles:

- Levantaos antes para poder llevar a los niños al cole y a la guardería tranquilamente. Turnaos para arreglar a los niños por la mañana, para supervisar la rutina de la noche y también para acostarlos. Aprovechad esos momentos para ofrecer a vuestros hijos un poco de atención individualizada.

- Si ninguno de los dos puede salir del trabajo a tiempo para recoger a los niños del colegio o llevarlos a las distintas actividades extraescolares, buscad ayuda. Contratad una niñera, una *au pair* o una canguro por horas que vaya a buscar a los niños al cole, u organizad una recogida en coche con los padres de otros niños para poder turnaros en el transporte de ida y de vuelta.

- Colocad un horario semanal en la cocina, que os permita estar pendientes de las citas, las reuniones escolares y todos los demás detalles importantes de la vida familiar. Antes de salir de casa por la mañana, aseguraos de que a todo el mundo (incluidos los niños) le queda claro lo que le toca hacer.

- Procurad reservar tiempo suficiente a lo largo de la semana para hacer cosas en familia, en pareja e individualmente. Cuando en una familia trabajadora se produce tensión, no suelen ser las cosas elementales las más perjudicadas, sino el tiempo de disfrute personal. Olvidaos del trabajo cuando salgáis de la oficina, y disfrutad del tiempo que pasáis juntos. Los fines de semana deben ser para la familia.

- Simplificad vuestra rutina lo máximo posible. No sobrecarguéis a vuestros hijos con montones de actividades distintas para compensar el tiempo que pasáis en el trabajo. Dejad que se centren en lo que realmente les gusta hacer. Es preferible que se relajen en casa después del cole con alguien que cuide de ellos a que vayan de aquí para allá.

- Siempre que sea posible, planificad con antelación para que los imprevistos no os pillen por sorpresa. Es una cuestión de trabajo en equipo. ¿Quién se quedará en casa si uno de los niños se pone malo? ¿Quién se va a escapar del trabajo para asistir a una función escolar o un partido de fútbol del niño? Por importante que sea vuestro trabajo, estos acontecimientos son fundamentales para vuestros hijos, y tenéis que procurar estar con ellos.

Si, por el contrario, te parece que vuestros hijos no son felices o se sienten decepcionados, tendrás que hablar con tu pareja y llegar a algún tipo de acuerdo. La educación de los niños es la mayor de vuestras responsabilidades: no se puede relegar la paternidad a un segundo plano y concederle únicamente el tiempo que os quede libre después del trabajo. No olvidéis que el cuidado de los niños exige una dedicación permanente.

Inspiraos en muchos padres que han decidido adecuar su vida laboral a las exigencias de su vida familiar (tomándose un día libre más, por ejemplo) y han logrado dar a su trayectoria profesional una orientación nueva y más satisfactoria.

Comunicación positiva

La paternidad se basa fundamentalmente en una buena comunicación. Después de todo, el niño no es adivino: si no le dices o le muestras cómo quieres que se porte (es decir, si no le das ejemplo), nunca sabrá lo que esperas de él. Si dices una cosa y haces otra, lo confundirás. Si te dejas llevar por un arrebato, pierdes el control y lo fustigas verbalmente, disminuirás su autoestima y propiciarás una relación hostil, con lo que sólo empeorarás las cosas.

Lo primero que deben hacer los padres es aprender a comunicarse entre sí. Cuando tu pareja y tú estéis *en sintonía* (pág. 30) y presentéis un frente unido, los niños sabrán a qué atenerse con cada uno. Los mensajes contradictorios confunden al niño, lo desconciertan y le permiten enfrentar a sus padres.

Muchos de los problemas que veo en *Supernanny* se agravan por el hecho de que mamá y papá no comparten el planteamiento de una cuestión concreta o usan a los niños como herramienta de sus luchas de poder. A veces las diferencias se manifiestan en materia de disciplina: mamá tolera al niño la clase de comportamiento que papá considera inaceptable simplemente porque está cansada de hacer frente a la misma situación un día tras otro. También puede suceder lo contrario: que papá sea más blando porque pasa menos tiempo con los niños y organizarlos es lo que menos le apetece cuando llega a casa del trabajo. A veces los padres no se ponen de acuerdo en las normas: ¿hay que dejar que los niños coman chucherías entre horas o que se acuesten tarde los fines de semana? No sé. Eso es cosa vuestra, pero debéis tomar las decisiones conjuntamente.

Cuando los padres no se ponen de acuerdo, no sólo sufren los niños. Si uno de los dos procura en vano imponer normas básicas de comportamiento, tendrá la sensación de que su esfuerzo no se valora y de que no cuenta con el respaldo de su pareja. Cuando no se obtienen resultados positivos y los niños campan a sus anchas, se producen inevitablemente sentimientos de ridículo y resentimiento. Así empieza el juego de la culpa. Es muy fácil que, en una situación así, uno de los miembros de la pareja se sienta fracasado y que la relación empiece a desmoronarse. Meditadlo un momento: ¿por qué competís entre vosotros? Los dos sois responsables de vuestra familia. Ambos debéis tomar decisiones maduras y asumir las consecuencias de vuestras acciones.

Si los padres se sienten completamente perdidos porque sus hijos les montan el numerito a todas horas, el resultado será un entorno negativo. Muchos padres me dicen: «Nosotros no mandamos; mandan ellos. Los niños controlan nuestra vida.» En estos casos, no es raro que la frustración de los padres se convierta en enfado, o desesperación, lo que provoca la disolución de la unidad familiar que se transforma en un grupo de individuos infelices alojados bajo el mismo techo. Lo bueno es que, con voluntad de cambiar y determinación de lograrlo, se le puede dar la vuelta a la situación.

P Mi pareja no parece entender lo duro que me resulta cuidar de nuestro hijo de tres años y medio y de nuestra hija de quince meses todo el día. Cuando por fin podemos sentarnos a charlar un rato, siempre terminamos discutiendo.

R Buena parte de mi trabajo consiste en hacer entender a los padres que van en el mismo barco y que tienen que encontrar formas positivas de respaldo mutuo y trabajar juntos en la educación de sus hijos. Una forma de conseguirlo es la **técnica de la sintonía**.

Si tu pareja y tú vais a funcionar como equipo, tenéis que recordaros el uno al otro qué fue lo que os unió, y encontrar una base común. Una familia en tensión es un blanco fácil para el resentimiento. La *técnica de la sintonía* os permitirá dejar de culparos mutuamente y pasar a un planteamiento conjunto más positivo.

Busca un momento para hablar tranquilamente con tu pareja. Tomad los dos lápiz y papel. A continuación, anotad cada uno las cinco virtudes que el otro tiene como padre y como pareja. Intercambiad las listas y leedlas en voz alta.

Centrarse en lo positivo es el primer paso para deshacer el bloqueo emocional de la pareja y restablecer la comunicación. Reconoced lo que hace cada uno por la familia y validad las necesidades y el esfuerzo del otro para que ambos os sintáis respaldados. Por tu carta deduzco que vuestra comunicación de pareja no es buena y que por eso no obtienes la respuesta adecuada de tu marido, pero es posible que también él se sienta traicionado. Esta técnica es una buena forma de iniciar el diálogo para recuperar la confianza y el apoyo mutuos.

Pruébalo con tu marido, a ver qué pasa. Las peleas son una pérdida de control emocional. Una actitud positiva os ayudará a avanzar juntos. También podéis usar la *técnica de la sintonía* para acordar un planteamiento común de modo que vuestros hijos sepan que hay un conjunto de normas básicas que deben seguir.

Usé la *técnica de la sintonía* con una pareja a la que le costaba ponerse de acuerdo sobre el tipo de castigo más adecuado para sus hijos y que había caído en la trampa de desautorizarse el uno al otro. La madre estaba hastiada y desquiciada, lo que obligaba al padre a responsabilizarse por completo de la disciplina, con lo que a menudo perdía los nervios. La pareja discutía constantemente delante de los niños sus distintos planteamientos. Les di una caja a cada uno y les pedí que metieran en ella sus pensamientos y los problemas que querían resolver. Después, les pedí que se encerraran en una habitación solos, intercambiaran las cajas y trataran los problemas uno por uno. De ese modo, pudieron discutir las normas con calma en un terreno neutral y llegar a algún tipo de acuerdo que les permitiera volver a funcionar como equipo.

P *Mi marido es mucho más blando que yo con nuestros gemelos de nueve años. Uso la* técnica del cuarto de tiempo muerto *cuando se portan mal, y funciona... casi siempre. El problema es que si la arman por la noche cuando su padre ya ha vuelto del trabajo, él no los castiga. Si trato de usar la técnica cuando mi marido está en casa, me desautoriza y deja que los niños se salgan con la suya. Dice que los ve tan poco que no quiere ser un padre «duro» y que lo odien.*

R Si vuestros hijos fueran más pequeños, la *técnica del cuarto de tiempo muerto* no os funcionaría. Cuando los padres no se ponen de acuerdo en el castigo o las normas, resulta muy difícil que los niños se porten bien. Como vuestros gemelos ya tienen nueve años, son capaces de poner etiquetas a sus padres y saben que papá es más blando que tú.

Tu marido y tú tenéis que acordar un planteamiento común. De tu mensaje deduzco que él se siente culpable por no pasar más tiempo con los gemelos y que te desautoriza para poder ser el «poli bueno», pero debería saber que todos los niños necesitan límites y que la forma de establecerlos es valerse de un control firme y justo, como la *técnica del cuarto de tiempo muerto*. Sin disciplina, los niños pierden en seguida el respeto por la autoridad de sus padres. He conocido muchas familias en las que hay mucho afecto, pero no hay respeto. Tu marido debe saber que los castigos no harán que sus hijos lo quieran menos.

Lo que no debéis hacer jamás en esta situación es airear vuestras diferencias delante de los niños. Ellos ya saben que no os ponéis de acuerdo con los castigos; si lo discutís delante de ellos, tendrán la excusa perfecta para enfrentaros, si es que no lo han hecho ya. Mostrad unidad.

Probad la **técnica de una de tres**. La uso con parejas que siempre discuten por lo mismo, sin lograr resolver el problema, o que mantienen una lucha de poder constante. La falta de progresos visibles genera resentimiento. Cuesta perdonarse, pero cuando lo hagáis, iréis experimentando mejoras.

Escoged un momento del día en que podáis estar solos, por ejemplo, cuando los niños se hayan acostado. Dialogad sobre vuestros planteamientos de la disciplina y poneos un tiempo límite para resolver las diferencias. Para esta técnica suelo controlar el tiempo con un cronómetro de cocina. Esto ayuda a que la pareja se concentre en el problema en lugar de buscar otras cien mil cosas que echarse en cara.

Resolved vuestras diferencias de forma racional y manteniendo la calma, e intentad encontrar una solución. Dos personas enfadadas jamás llegan a un acuerdo. Procura averiguar por qué él te desautoriza. ¿Se da cuenta de que lo hace? Si se resiste a usar la *técnica del tiempo muerto*, intenta llegar a un acuerdo para que te deje usarla a ti y no tengas que renunciar a algo que funciona.

P *He intentado usar la* técnica del rincón de pensar *para castigar a nuestros dos hijos, de cuatro y seis años. El problema es que, como mi marido les pega si se portan mal cuando él está en casa, ya no se toman en serio el rincón de pensar. ¿Qué puedo hacer? No soy partidaria del castigo físico, pero mi pareja dice que a él le daban azotes de pequeño y no le ha pasado nada.*

R Si se usa el contacto físico como reprimenda, éste siempre prevalecerá sobre cualquier otra técnica porque es algo que el niño teme. En estas circunstancias, las técnicas alternativas siempre se verán socavadas. En los hogares donde se emplean el rincón de pensar y otras técnicas similares como métodos de control, éstas resultan muy efectivas.

En una familia que conozco, el padre solía recurrir al castigo físico. Cuando les propuse la *técnica del rincón de pensar* como modo de castigar a su hijo, el niño no se lo tomaba en serio. Al principio, nos costó mucho que respondiera a la técnica. Tras un mal comportamiento reiterado, le pedí a la madre que, además, le escondiera la videoconsola durante dos días, y ésa fue la clave. Resultó ser el castigo perfecto para el mal comportamiento de aquel niño.

Me ocurrió algo parecido con los Young, para cuyos cinco chicos indisciplinados de menos de nueve años, que no paraban de liarla, el rincón de pensar no era más que una broma. Esta técnica en combinación con otras terminó por dar buenos resultados.

El castigo físico no es una forma de disciplina que permita al niño aprender y progresar.

Os diría también que muchos padres, aunque no se den cuenta, tienden a recurrir a los métodos de castigo que los suyos usaron con ellos, o adoptan una actitud similar a la de sus propios progenitores. Es lógico, después de todo es lo que conocen, pero no tiene por qué ser así. Como padres dais forma a una generación futura. El que a vosotros se os educara de un modo no significa que tengáis que hacer lo mismo con vuestros hijos. La sociedad cambia constantemente, y no siempre a peor. Tenéis la oportunidad de romper el molde y criar a vuestros hijos según vuestras ideas, no las de vuestros padres. Desmarcaos y cambiad ya.

También puede ocurrir lo contrario: si los padres tienen la sensación de que se los castigaba mucho e injustamente cuando eran niños, les cuesta poner límites a sus hijos, algo tan nefasto como la postura opuesta. Los niños necesitan normas, límites y disciplina, pero hay muchas formas eficaces de enseñárselos sin necesidad de recurrir al castigo físico.

P *¿Cómo puedo conseguir que mi marido me ayude un poco en casa? Trabajo tres mañanas a la semana, pero el resto del tiempo me encargo de nuestros tres hijos, de siete, cinco y tres años, y de todos los quehaceres domésticos. Dice que su trabajo es muy estresante y que necesita relajarse por las noches, ¡pero yo también me canso!*

R En familias como la vuestra, en las que el padre trabaja fuera y la madre se queda en casa todo o casi todo el tiempo, es obvio a quién le toca responsabilizarse de la mayor parte de las tareas domésticas. Aun así, es importante que los dos paséis tiempo con los niños y les prestéis una atención individualizada.

Educar a un niño requiere tiempo, paciencia y constancia. Esto, como ya sabes, puede resultar agotador si no cuentas con ayuda. A las madres que se enfrentan solas a todo, la situación puede resultarles insufrible. Cuando su pareja llega a casa por la noche, se encuentra con una mujer estresada y llena de resentimiento por la carga que se ha visto obligada a soportar sin ayuda. En algunos casos, él responderá apartándose casi por completo de la vida familiar e ignorando sus responsabilidades. He visto padres capaces de «ausentarse» incluso estando en la misma habitación. Ése podría ser tu caso.

Con los Gorbea, otra de las familias de *Supernanny*, estaba claro que el padre había decidido convertirse en espectador de la vida familiar. En cuanto se lo comenté, reconoció con una risita que «lo había pillado». Sabía muy bien que no participaba activamente y no le importó en absoluto implicarse en la nueva rutina y asumir responsabilidades.

En otra de las familias del programa, los Harmony, ella lo hacía todo y no le dejaba hacer nada a su pareja. Tenían tres hijos. El de tres años, Grant, montaba unas rabietas increíbles en las que rugía como un dinosaurio y mordisqueaba el sillón de cuero como si aquél fuera su alimento habitual. La madre a veces criticaba los errores del padre, con lo que él no conseguía manejar a los niños descontrolados y tenía que intervenir ella, aunque sus métodos tampoco resultaban muy eficaces.

Una de las primeras cosas que hice por aquella familia fue enseñarles la **técnica del intercambio de tareas**. Le di a cada uno de los progenitores una bandeja con paquetes pesados de azúcar o similares marcados con sus tareas domésticas. Como era de esperar, la bandeja de la madre estaba hasta arriba y la del padre medio vacía. Después les pedí a los dos que llevaran las bandejas como si fueran camareros, sobre la palma de una sola mano. A la madre le pesaba demasiado y se le cayó. Entonces le di al padre la bandeja de la madre y le pedí que imaginara cómo sería llevar ese peso a la espalda en una mochila todo el día, lo que le dolerían los hombros y lo mal que se sentiría por dentro. Este ejercicio visual les permitió entender que tenían que repartirse mejor las responsabilidades familiares.

No obstante, a muchas madres les encanta llevar la corona de mártires. Van de aquí para allá haciéndolo todo hasta el agotamiento, y al final se resienten. Si se lo comunican a su pareja, siempre lo hacen en forma de crítica y reproche. «¡Lo hago todo yo! ¡Ya podrías ayudar un poco!» ¿Te suena?

Si te suena, debes saber que esos reproches no son la mejor forma de compartir las responsabilidades paternales. Debes encontrar un planteamiento más eficaz.

Te propongo lo siguiente:

- Prueba la *técnica de la sintonía* (pág. 30) para abrir líneas de comunicación positiva y acordar un planteamiento común.

- Otra técnica que podéis usar es la de **menos y más**. La utilizamos en *Supernanny* con los Cantoni, una familia en la que el padre había puesto en manos de la madre casi la totalidad de sus responsabilidades paternales. Pegamos en la pared un mural de cartulina con tres recuadros y pedimos a los padres que anotaran en el del centro las cuestiones que a su juicio precisaban el refuerzo de una postura común y uniforme. Después, la madre escribió en su recuadro las tareas en las que debía implicarse menos, y el padre anotó en el suyo aquellas en las que debía asumir una mayor responsabilidad. No era más que una sencilla ayuda visual, pero les permitió dialogar sobre el modo de mejorar conjuntamente sus métodos pedagógicos sin culparse el uno al otro.

- Elabora una rutina que podáis asumir por turnos para encargaros de los niños por las noches. Los padres que trabajan fuera todo el día pueden compensar a sus hijos dedicándoles más tiempo por la noche, mientras se bañan o leyéndoles un cuento a la hora de dormir. Tampoco hace falta jugar con ellos ruidosamente.

- ¡Repartíos las tareas, que estamos en el siglo XXI! No tienes por qué hacerlo tú todo, ni recortar gastos para contratar a alguien que os limpie la casa.

- Haced más cosas en familia, no sólo las labores domésticas. Los juegos o las salidas familiares generan una sensación de unidad que favorece el trabajo en equipo de la pareja.

- Busca la ayuda que necesites. En tu caso puede tratarse de un poco de tiempo para cuidar de ti misma y recargar baterías. Procura encontrar el modo de pasar más tiempo con tu pareja, algo que os permita descansar un poco de vuestra labor paternal.

- El que tu pareja trabaje fuera todo el día no significa que no pueda llamarte por teléfono y ofrecerte ayuda o preguntarte cómo va todo. No estropees ese momento relatándole lo que ha salido mal ni haciéndolo sentir culpable. Cuéntale cosas y charlad. La voz de un adulto puede ayudar mucho si te pasas el día sola cuidando de niños pequeños. Algunas de las familias con las que he trabajado viven a kilómetros de distancia de cualquier centro urbano, por lo que muchas madres pasan días sin relacionarse con ningún otro ser humano. El contacto con otros adultos, aunque sea telefónico, puede resultar vital.

En una de las familias del programa, los padres tenían turnos de trabajo variables y nunca podían hablar. Tenían tan poco tiempo que cambiaban de coche y se pasaban a los niños en un aparcamiento para poder llegar al trabajo. Les di un grabador a cada uno y les pedí que grabaran lo que iban haciendo durante el día, con el fin de mantenerse informados. Cuando cambiaban de coche, el responsable de los niños en ese momento podía escuchar la grabación de camino a casa. Los niños también grababan sus mensajes y, cuando los oían, siempre les hacían gracia. Las grabaciones resultaron muy útiles porque demostraron a los padres que tenían que encontrar tiempo, aunque fuera poco, para hablar en los puntos de entrega, de modo que sus métodos pedagógicos fueran coherentes.

Consejo: Díselo con flores

He trabajado con familias en las que el padre le dejaba notas a la madre o le mandaba flores para demostrarle su aprecio por el modo en que llevaba la casa y la familia. Estos padres podían hacer poco durante el día, mientras trabajaban o estaban de viaje de negocios, pero el reconocimiento del esfuerzo de su pareja cambiaba por completo la relación que ambos mantenían, como pareja y como padres.

P *Mi mujer y yo tenemos un niño de tres años y medio, Sam, y esperamos otro bebé para dentro de dos meses. Ella se cansa mucho últimamente y a mí me gustaría ayudar más, pero Sam insiste en que mamá lo haga todo. Le he explicado que pronto tendrá un hermanito o una hermanita y que mamá ya no podrá estar pendiente de él todo el tiempo, pero organiza una rabieta cada vez que yo intento acostarlo o ayudarlo a vestirse por las mañanas. La verdad es que empiezo a sentirme como un cero a la izquierda en esta familia y me temo que la cosa empeorará cuando nazca el bebé.*

R Te entiendo perfectamente. No es agradable sentirse marginado o impotente en el papel de padre, pero tienes algo importante a tu favor y es que quieres ser un padre comprometido con su hijo. Algunos padres en situaciones similares se rinden, se encogen de hombros y se convierten en espectadores de la vida familiar, algo de lo que después se arrepienten.

No tiene por qué ser así. Vuestro hijo os necesita a los dos, y tu pareja necesita una atención especial, ahora y en los próximos meses. Éste es el momento perfecto para hacer cambios con los que todo vaya mejor una vez que nazca el bebé.

Mamá tiene que apartarse un poco y dejarte desempeñar tu papel. Si tú no sabes cómo hacer frente al comportamiento de tu hijo, ella debe enseñarte a confiar en tu aptitud como padre. Si le dices a Sam que mamá no podrá estar pendiente de él todo el tiempo, le transmites una idea desalentadora que un niño tan pequeño no logra comprender.

¿Qué debes hacer? En primer lugar, tienes que entender por qué Sam se comporta así. Está usando su negativa a que lo cuide nadie más que su madre como medio de control. Lo primero que debéis hacer es romper esa pauta elaborando un esquema de turnos que podáis respetar. Una noche, mamá acuesta a Sam; a la siguiente lo acuestas tú. Cuando te toque a ti, explícale a Sam que hoy lo acuestas tú y que mañana le toca a mamá. Al principio, el niño probará todos sus trucos habituales para que su madre lo rescate. Tu mujer tendrá que ser muy firme y permanecer al margen para que tú puedas completar tu parte. Si ves que el niño te va a hacer una rabieta, mantén la calma y ponle fin antes de que tome forma. Prueba la *técnica de la separación* (pág. 119).

En uno de los programas de *Supernanny*, visitamos a una familia cuya dinámica era similar a la vuestra, pero al contrario. Los Douglas tenían dos mellizos de cuatro años, un niño y una niña. La relación de Sandra con su hija Nicole era muy difícil, y a veces se sentía tan rechazada por la niña que incluso se le había pasado por la cabeza abandonar a su familia. La situación se veía agravada por el hecho de que cada vez que Sandra tenía un problema con su hija, ya fuera en el coche o en el baño, Douglas, el padre, acudía al rescate y se hacía cargo del asunto. Sandra tuvo que aprender a mantenerse firme y no ceder ante las rabietas de Nicole; y lo más importante: el padre tuvo que aprender a permanecer al margen para que su mujer y su hija pudieran reconstruir su relación.

En aquel caso, el rechazo de Nicole por su madre tenía una explicación. Cuando los mellizos eran muy pequeños, Sandra tuvo que atender una urgencia relacionada con su trabajo para una compañía aérea. Durante su ausencia, el padre logró generar un fuerte vínculo con los gemelos y se las apañó muy bien. A su regreso, Sandra se sentía culpable por haber abandonado a los mellizos tan pequeños, y a su pareja le preocupaba la posibilidad de perder esa conexión especial con los niños cuando Sandra volviera a ocupar su puesto.

Pero la paternidad no es sólo una cuestión de reparto de quehaceres. Hay que dedicarles tiempo a los niños. Juega con tu hijo, solos tú y él, o busca una actividad, como darle patadas a un balón en el parque, que pueda ser especial para vosotros dos. Salid en familia y pasadlo bien juntos para que Sam vea que también puede disfrutar sin que mamá le dedique toda su atención.

Ya te ha hecho saber que no le gusta compartir a mamá contigo; compartirla con el bebé le va a resultar muy duro.

Por eso, vas a tener que prepararlo para la llegada de su hermanito mucho mejor de lo que lo has hecho hasta ahora. Elige bien las palabras. Si le dices que mamá no podrá estar pendiente de él todo el tiempo cuando nazca el bebé, lo horrorizará la llegada de ese día. Siempre que un padre habla con su hijo, el niño va a preguntarse: «¿Y eso qué significa?» Los niños se toman las cosas al pie de la letra. ¿Qué parte de lo que dices queda reforzada por tu comportamiento? ¿Lo confundes con ideas contradictorias? No utilices al bebé como amenaza; potencia la confianza y la independencia de tu hijo mediante la *técnica de la implicación* (pág. 157) y enséñale a ayudar y a participar. Dile que pronto será «el hermano mayor» (en la pág. 156, encontrarás más formas de preparar a tu hijo para el nacimiento de su hermano).

C de Confianza.

Toma las decisiones con confianza y demuestra a tus hijos que tu papel te hace feliz. El tono de voz y el lenguaje corporal son esenciales.

P Tengo treinta y seis años y dos hijos: Jason de ocho y Chloe de diez. No me hacen ni caso. Me paso el día repitiéndoles las cosas hasta la saciedad. Chloe es la peor: si le pido que haga cualquier cosa, por pequeña que sea, siempre terminamos gritándonos. ¿Qué voy a hacer cuando sean mayores? Me siento muy frustrada, porque con su padre ocurre todo lo contrario. ¿Qué es lo que hago mal?

R Chillar, gritar, regañar y perder el control no son formas de comunicarse con un niño. Pero eso ya lo sabes, porque cuando chillas, gritas o regañas a tu hijos, lo único que les transmites es que has perdido el control. Al detectarlo, te pierden el respeto, y de esa forma no conseguirás que se porten mejor ni que hagan lo que les pides. El comportamiento de un niño empeora cuando se nutre de una pérdida de control.

No dejan de sorprenderme las cosas que los padres les dicen a sus hijos:

«¿Tienes idea de lo mal que me haces sentir?»

«¡Lárgate y déjame en paz!»

«¡No hay quien te aguante!»

«Eres un auténtico c...azo.»

«¡Cuando yo hable, tú te callas!»

«¡Fuera de aquí! ¡Vete a tu habitación y no salgas!»

Si lo que quieres es destrozar a tu hija, hacer que se sienta completamente inútil y acabar con su autoestima, vas por buen camino. Algunos padres presumen de no levantarles la mano jamás a sus hijos, pero no dudan en machacarlos con comentarios crueles. Eso es maltrato, puro y duro.

¿Cómo debes hablarles a tus hijos? Con respeto. Con cariño. Con claridad. Con comprensión. Con paciencia.

¿Y cómo debes hablarles cuando estás disgustada, necesitas comprensión o tienes los nervios a flor de piel? Escucha lo que tengan que decir. No los interrumpas, ni les mandes callar, ni te los quites de encima. Valida sus sentimientos y ofréceles consejo sin sacar conclusiones precipitadas o darles una respuesta cualquiera. Algunas veces tus hijos te plantearán problemas que no podrás resolver en el momento. En esos casos, los padres suelen reaccionar poniendo de manifiesto su pánico, su frustración o su ansiedad. Mantén la calma. Dile: «¿Y cómo arreglamos esto?» Concédele la oportunidad de buscar una solución. Demuéstrale que entiendes lo que pasa, aunque no se te ocurra cómo resolverlo inmediatamente. Tu respuesta condicionará el modo en que el niño se plantee el problema.

Así es como debes hablarles a tus hijos. El tono de voz que debes usar es otra cosa completamente distinta. Siempre digo que los padres necesitan al menos tres tonos de voz diferentes:

- La **VOZ NORMAL** es un tono uniforme que debes usar cuando converses con tus hijos. Si les pides las cosas a gritos o en un tono brusco, les transmites inmediatamente que tienes claro que no te van a hacer ni caso. Ocurre lo mismo con el tono de angustia y desesperación. Sé amable cuando les pidas a los niños que hagan algo. No pretendas que tus hijos sean educados si tú no das ejemplo.

«Por favor, ve a lavarte las manos y ven a la mesa.» «Recoge el cuarto, por favor.» Mantén un tono de voz uniforme y razonable, tampoco ruegues ni supliques.

- Si tu hijo hace algo malo o no hace lo que le pides, tendrás que usar la **VOZ DE AUTORIDAD**. No le grites desde la otra punta de la habitación ni le eches la bronca. Acércate al niño, ponte a su nivel y míralo a los ojos. Si mira a otro sitio o intenta zafarse, dile: «Mírame, por favor. Te estoy hablando.» En un tono bajo, pero firme, dile lo que ha hecho mal. «Te he pedido que recojas tu cuarto, y quiero que lo hagas ahora, por favor.» Ignora los intentos del niño de replicar, discutir o negociar. Disocia comportamiento y niño: no condenas al niño, sólo le haces ver que esa conducta no te parece aceptable.

- Si tu hijo sigue negándose a hacer lo que le pides, tendrás que advertirle, con la voz de la autoridad, que si no te hace caso, lo vas a castigar (en la pág. 168, encontrarás información sobre *el rincón de pensar* y otras técnicas similares). Es importante que la advertencia se produzca sólo UNA vez; después, hay que actuar. Si adviertes al niño más de una vez, se dará cuenta de que no son más que amenazas huecas.

- El tercer tono de voz es la **VOZ DE APROBACIÓN**. Es un tono de voz alto y entusiasta que transmite complacencia. Úsalo para elogiar a tu hijo por su buen comportamiento, sobre todo cuando haga algo bien sin que se lo pidas: «Gracias por recoger la mesa. ¡Bien hecho!» Procura no sonar condescendiente con los niños mayores. Si les paras los pies a tus hijos siempre que hagan algo mal pero no los elogias cuando hacen algo bueno, pensarán que su mal comportamiento es la única forma de llamar tu atención y recibir un afecto malsano.

A muchas personas les cuesta expresar autoridad con calma. ¿Por qué? Porque ya han perdido el control: hay padres que tienen que perder los nervios para expresar autoridad o reunir el valor para decir lo que piensan. Observa el comportamiento de tus hijos y averigua qué es lo que te produce una reacción hostil. En lugar de saltar a la primera, aprende a responder de forma tranquila, directa y autoritaria.

Cuando a los padres les cuesta imponerse, suelo pedirles que practiquen delante del espejo hasta que se encuentren cómodos con el papel. En la familia Collins, por ejemplo, la madre era algo insegura y se sentía sobrepasada por el mal comportamiento de sus hijos. Incluso le daba vergüenza ensayar delante del espejo y evitaba mirarse directamente (yo la llamo «la mirada lady Di», esa mirada tímida oculta por el cabello). Le expliqué, que para que los niños la respetasen, tenía que empezar por tomarse en serio a sí misma.

Para terminar, piensa en por qué tu hija te saca de tus casillas más que tu hijo.

Con los Cooke, una de las familias de *Supernanny*, la relación entre la madre, Denise, y la hija mayor, Meghann, se había vuelto muy difícil. Meghann, de nueve años, tenía un carácter muy fuerte y podía llegar a ser muy obstinada. El comportamiento de la niña (groserías, mordiscos, golpes) había agotado de tal forma a Denise que ya no le quedaban fuerzas y se sentía completamente inútil en todos los aspectos. Como consecuencia, se veía incapaz de castigar a su hija, lo que aumentaba la beligerancia de la niña. Denise usaba el castigo a modo de saco de boxeo, y si ella y su hija discutían, las dos se empeñaban en decir la última palabra. Lo curioso era que, cuando se gritaban, Meghann usaba exactamente el mismo tono de voz que su madre: «No, porque tú lo digas», «Porque lo digas tú.» Se daban cuerda la una a la otra.

A Denise le costó ver que tenía que dar ejemplo a su hija, no ponerse a su nivel. Si tú cambias, los que te rodean cambian también. Y a Meghann le asustaba el cambio. Cuando Denise aprendió a castigar a su hija sin perder los nervios, la niña aprendió a asumir las consecuencias de su comportamiento y a responsabilizarse de él.

C de Comunicación.

Nunca dejes de comunicarte con tus hijos: hablaos y escuchaos. La comunicación es la clave de todo.

P Tenemos dos hijos: Inmie, que va camino del año y medio, y Aaron, que casi tiene cinco años. El comportamiento de Aaron nunca ha sido muy bueno: trata fatal a su hermana y siempre ha comido mal, a pesar de que le hemos ofrecido todo tipo de alimentos. Ayer hizo una rabieta en la mesa y terminó vomitando. Cuando tenía dos años, casi se nos muere de meningitis, y a veces aún nos cuesta que siga vivo, pero su comportamiento nos supera. El pediatra nos asegura que no hay nada patológico en el niño.

R Los sucesos traumáticos, como la enfermedad de Aaron, nos rompen los esquemas, y cuesta mucho recuperarse de ellos. Ver a un hijo luchar por su vida es la peor pesadilla de cualquier padre. Por fortuna, como bien dices, superasteis ese terrible trance y el niño se repuso. No me cabe duda de que sois perfectamente conscientes de vuestra suerte.

El comportamiento actual de Aaron no es algo que no pueda solucionarse con límites y un control firme. Usad la *técnica del rincón de pensar* o cualquiera de sus variantes (pág. 172) para enseñarle que debe tratar bien a su hermana.

No le ofrezcáis demasiadas opciones en las comidas. Ponedle delante una ración pequeña de lo que comáis los demás. Si no lo quiere, decidle que podrá irse de la mesa cuando se tome tres (o cuatro, o cinco) cucharadas. ¡Ánimo! No le dejéis picotear entre horas para compensar lo que no haya comido en la mesa. Cuando empiece a portarse mal, dejadle claro que su comportamiento es inaceptable y retiradlo del rincón de pensar antes de que pueda montar una rabieta que lo haga vomitar.

En muchos sentidos, Aaron se comporta como un niño más pequeño, aunque es muy posible que sufra una regresión. Eso me indica algo: tú y tu pareja aún os encontráis física y psíquicamente en el mismo punto que cuando vuestro hijo estuvo tan enfermo. Como vivís en el pasado, no dejáis que Aaron progrese ni le enseñáis un comportamiento más maduro. Su pediatra os ha dicho claramente que el niño está sano. Tenéis que seguir adelante, confiar más y angustiaros menos como padres.

Aprended de vuestra experiencia pasada, dejadla correr y seguid adelante.

Me sucedió algo muy parecido con los Tsironis. En su caso, los gemelos de tres años estaban completamente descontrolados y exigían toda la atención de sus padres, mientras la niña de cuatro quedaba desatendida. Los gemelos habían nacido muy prematuramente (a las veintitrés semanas de gestación) y habían pesado poco más de medio kilo cada uno. Fue un milagro que salieran del vientre de su madre. Los padres tuvieron que aprender a olvidar el trauma del nacimiento de los niños y hacer uso de la disciplina para restaurar el orden en la familia. Cuando empezaron a usar la *técnica del punto de pensar* (pág. 182), se liberaron de la lucha constante por el control. Además, pudieron comunicarse mejor como pareja y esperar con ilusión el futuro en lugar de refugiarse en el pasado.

En otra familia del programa, la madre tenía problemas para interactuar con su hijo pequeño. El comportamiento del niño era desafiante (por decir algo suave): solía escupir, pegar y morder. Tras dialogar con la pareja, supimos que la madre se sentía muy culpable. El nacimiento del niño no se había producido según lo previsto y había terminado en una cesárea de urgencia. Desde entonces, no había podido dejar de pensar que todo había sido por su culpa. Cuando consiguió hablarlo y liberarse del sentimiento de culpa, pudo establecer una relación más satisfactoria con su hijo.

El peso del pasado puede impedirte disfrutar de tus hijos en el presente, enseñarles lo que deben saber y tomar decisiones vitales positivas. Si no te liberas de los sentimientos negativos, éstos se convierten en un bloqueo de energía. Aprende a dejarlos marchar, a seguir adelante y nunca mirar atrás.

Esquemas familiares

Hoy en día hay familias de todas las formas y todos los tamaños. La gran familia en la que varias generaciones mantienen una estrecha relación ya es cosa del pasado en muchas culturas y sociedades, pero su lugar lo han ocupado nuevos esquemas familiares: las familias postizas, en las que los niños dividen su tiempo entre dos hogares; las familias monoparentales, y aquellas en las que los dos miembros de la pareja trabajan son cada vez más frecuentes. Con el desarrollo de los tratamientos de fertilidad, los sistemas de acogida y los de adopción, también es más corriente encontrar padres mayores.

Sea cual sea la forma de tu familia, lo importante es que no tengas la sensación de que estás decepcionando a tus hijos en modo alguno porque tu familia no se ajuste a un «esquema normal». Además, ¿qué es eso? La normalidad no existe. Todas las familias tienen sus más y sus menos, independientemente del esquema que adopten. Aprende a potenciar tus más y a resolver los menos, y piensa siempre que haces lo mejor por tus hijos. Acepta que tu familia es única y muy especial.

P Desde que se fue mi pareja hace tres años, he estado criando a mis dos hijos (Lisa de cuatro y Ryan de nueve) yo sola. El padre de los niños se ha mudado a otro país, y hemos perdido el contacto por completo. Manda algo de dinero de vez en cuando, pero como con eso no nos llega para vivir, he tenido que volver a trabajar para que podamos seguir bajo techo. Siempre estoy cansada y a veces me sorprendo gritándoles a los niños sin motivo. Ryan tienen problemas en el cole, y Lisa es muy dependiente. No quiero fallarles a mis hijos por la situación en la que nos encontramos, pero no sé hacerlo mejor. Sé que las madres de algunos compañeros de Ryan piensan que él es un trasto porque no ha tenido padre, y eso me hace sentir fatal.

R En primer lugar, debo decir que admiro y respeto el modo en que intentas sobrellevar las exigencias de criar a tus hijos tú sola. Los padres solteros lo pasan mal. Cuando no es la prensa, que culpa a las madres solteras de todos y cada uno de los males de la sociedad (mientras los padres solteros son objeto de admiración), es la idea generalizada de que los hijos de padres solteros sufren la carencia de una dinámica familiar. Lamentablemente, la tasa de divorcios es muy alta, pero hay muchos padres solteros por ahí que están criando a niños felices y perfectamente equilibrados. Ten siempre presente que criar a tus hijos en un ambiente no contaminado por el conflicto es mucho mejor que obligarlos a crecer en un hogar infeliz con unos padres que sencillamente no se soportan. Hay que aceptar lo que no se puede cambiar. Tu pareja ha decidido romper el contacto, eso es un hecho. Lo que tienes que hacer es invertir toda tu energía en ser una madre sólida y coherente para tus hijos, de modo que la vida familiar vuelva a su cauce.

Cuando se rompe una relación, cuesta recuperar la estabilidad emocional. Como es lógico, te angustiaste mucho cuando tuviste que volver a trabajar para mantenerte y mantener a tus hijos después de que se fuera su padre. ¿Has tenido oportunidad de hablarlo con alguien o te lo has estado rumiando todo tú sola? Cuando una relación termina, los sentimientos de tristeza, fracaso o enfado son normales. Te ayudará mucho compartirlos con un amigo, un familiar o un grupo de padres solteros que pasen por experiencias similares, o incluso con un psicólogo. Los sentimientos negativos hacen que los padres pierdan confianza en su capacidad de lidiar con sus hijos; la falta de confianza conduce a su vez a una pérdida de control, y entonces es fácil sentirse superado. Además, todos esos sentimientos negativos resultan agotadores, y posiblemente sean la causa de tu cansancio.

Naturalmente las rupturas también afectan a los niños. Tu hija seguramente era demasiado pequeña en el momento de la separación para recordar a su padre, pero es perfectamente consciente de tu lucha. Tu hijo posiblemente experimente algunos de tus sentimientos, y eso a menudo se traduce en problemas escolares. ¿Has probado a hablarlo con él? Es importante que le asegures que siempre te tendrá ahí. Cuando uno de los padres desaparece (y lo que es peor rompe todo contacto), el niño pierde algo de confianza en el mundo. Tendrá que recuperarla. Habla con sus profesores y házselo saber. El niño necesita la compasión de todos.

Lo que tus hijos necesitan más que nunca son normas y límites claros reforzados por un control firme cuando sea necesario. Necesitan saber en qué punto se encuentran y, aunque su comportamiento es comprensible, debes esforzarte por cambiarlo. Asígnales pequeñas responsabilidades: recoger, por ejemplo, o poner la mesa. Tu hijo es suficientemente mayor para ayudarte en muchos aspectos y tu hija se sentirá más segura de sí misma si le encomiendas tareas fáciles. Implícalos y volveréis a funcionar como una familia.

Es muy importante que no te sientas tentada de tratar a tus hijos como amigos o iguales. Necesitan que seas su progenitora, su madre, alguien que les dé ejemplo y se encargue de hacerles cumplir las normas. Por eso es también muy importante que encuentres un adulto con quien compartir tus problemas y preocupaciones. Si compartes tus angustias con tus hijos, les otorgas un complejo papel que no están preparados para desempeñar. Los niños que se ven obligados a cuidar de sus padres suelen dar problemas más adelante por haber tenido que asumir un papel de adultos para el que no estaban capacitados.

No tienes por qué hacer frente tú sola a lo que te ha tocado. Hazte miembro de alguna organización o asociación y busca alguna forma de apoyo. Pide ayuda a tus amigos y familiares. Dedica algún tiempo a la semana a hacer algo que te guste. Si tienes tu recompensa, te sentirás menos propensa a gritarles a tus hijos porque estés estresada o agobiada.

Por último, busca tiempo para hacer cosas en familia. Juega con tus hijos cuando vuelvas del trabajo; las tareas domésticas pueden esperar. Saca a los niños; si andas mal de dinero, ve al parque, que no cuesta nada. Todo lo que podáis hacer juntos reforzará y fortalecerá la nueva unidad familiar. No veas tu familia como una silla a la que le falta una pata: los taburetes de tres patas son igualmente válidos.

D de Determinación.

Céntrate en lograr objetivos positivos y no te rindas nunca. Busca la fuerza en tu interior.

P Mi problema es mi hija Sue. Lo ha pasado muy mal. Es madre soltera, y en estos últimos meses, después de encontrar un trabajo de media jornada, ha empezado a levantar cabeza. Cuando rompió con su pareja, estuvo muy deprimida durante un tiempo, así que me ofrecí a quedarme con los niños algunas tardes a la semana para que pudiera relajarse un poco, pero ahora que ya trabaja y las cosas han vuelto a su cauce, no acepta los cambios que le propongo. Tiene cerca una buena guardería a la que podrían ir los niños y ella gana lo suficiente para pagar a una canguro que vaya a buscarlos y se encargue de ellos hasta que ella vuelva del trabajo. Se niega y dice que soy la única persona a quien confiaría el cuidado de sus hijos.

Yo adoro a mis nietos y lo pasamos genial juntos, pero me agotan. Clare tiene cuatro años y es, como decíamos en mis tiempos, «toda una señorita»; Jack tiene dos y medio, pero no se le escapa una. Creo que yo ya he cumplido como madre y, cuando veo a mis amigas disfrutar de sus nietos sin las angustias y los agobios, tengo la sensación de que me estoy perdiendo algo. ¿Soy injusta?

R ¡En absoluto! Tu hija es muy afortunada de haber podido contar con tu afecto y tu apoyo en semejante trance. Todos sabemos que las familias ya no son la piña que eran antes, pero el tuyo es un magnífico ejemplo de lo fuertes y resistentes que pueden llegar a ser los vínculos familiares.

Sin embargo, ahora que Sue se ha recuperado, tienes todo el derecho a recobrar tu papel de abuela. Tómate un café con tu hija y hazle saber cómo te sientes. Dile que te das cuenta de que las cosas han cambiado y que estás orgullosa de cómo ha rehecho su vida. Dile que te gustaría volver a ser la abuela de los niños, que seguirás cuidándolos de vez en cuando, pero que también quieres disfrutar de ellos como nietos. La franqueza siempre es buena. Es muy posible que entienda perfectamente tu postura.

Sue se ha apoyado en ti cuando le iba mal, y, obviamente, la situación actual le resulta muy cómoda, pero es mejor para ella que otras personas se ocupen ahora de sus hijos. Puedes seguir apoyándola de distinta forma: ayudándola a encontrar una canguro, por ejemplo, u ofreciéndote a cuidar de los niños los sábados por la noche. El papel de los abuelos es muy importante. Tienes tiempo, paciencia y muchísimo cariño que ofrecerles a tus nietos, y mucho más si no eres su canguro permanente.

Me he encontrado con este problema en varios programas de *Supernanny*. Debbie Senior vivía en la casa de al lado de la de sus padres y había delegado en ellos la educación y el entretenimiento de sus hijos, situación que no favorecía el hecho de que no hubiera valla entre las dos propiedades y que los niños pudieran pasarse a casa de sus abuelos siempre que les diera la gana. Tuve que animar a Debbie a que aumentara su seguridad en sí misma y asumiera sus responsabilidades como madre. Reestablecí los límites (literalmente) mandando levantar la valla de nuevo y poniendo un cerrojo en la puerta de ésta para que los niños supieran que si el cerrojo estaba echado era porque sus abuelos querían estar solos.

P Tras años de intentarlo y varios tratamientos de fecundación in vitro, mi mujer y yo nos convertimos en los orgullosos padres de trillizas (las niñas ya casi tienen tres años). Creíamos saber dónde nos habíamos metido, pero no esperábamos en absoluto que nuestras vidas cambiaran tan radicalmente. Aunque el primer año no se nos dio mal (pedí una excedencia en el trabajo, así que había un par de manos más en casa), a medida que las niñas se han hecho mayores, a mi mujer cada vez le cuesta más. Algunos días apenas tiene fuerzas para vestirlas y darles de comer. Ella tiene cuarenta y tres años, y yo cuarenta y siete, de modo que somos unos padres primerizos algo mayores. Nos vendría bien algún consejo para llevarlo mejor.

R Ante todo, ¡enhorabuena! Como seguramente sabréis, ya es una gran hazaña cuidar de un recién nacido; las trillizas la triplican. Todos los padres de gemelos y trillizos aseguran que los primeros nueve meses son terribles. Es asombroso que aguantarais perfectamente el tirón durante esa época tan difícil y agotadora. Además, me parece estupendo que pidieras una excedencia en el trabajo y dieras prioridad a tu familia: eso es lo que hay que hacer. Parece que tu mujer y tú os lleváis muy bien y os apoyáis mucho. ¡Perfecto!

Los gemelos y los trillizos son más corrientes en padres mayores (a partir de los treinta y cinco años aumentan las posibilidades de que una mujer conciba gemelos). Además, los nacimientos múltiples son más frecuentes cuando la mujer se somete a un tratamiento de fertilidad, como supongo que os dirían. Sin embargo, tú lo has dicho, nadie sabe lo que es dar de comer, cambiar y tranquilizar a tres bebés a la vez hasta que le toca. Lógico. Pero también las alegrías se triplican.

Una de las familias a las que visité con *Supernanny*, los Burnett, tenía dos pares de gemelos de menos de tres años. El pobre Michael, el padre, tenía complejo de pulpo: cuidaba de los cuatro durante el día mientras su esposa trabajaba, y al mismo tiempo intentaba llevar su negocio desde casa. Te sugeriría lo que les propuse a los Burnett: prepara un horario. Habla tranquilamente con tu mujer y planificad juntos una rutina diaria. Pon en marcha un esquema para que ella y tú no tengáis que improvisar y podáis ateneros a una estructura. Dividid el día en períodos de media hora empezando por los momentos clave, como las horas de las comidas, y después completadlo programando horas para distintos tipos de actividades lúdicas (en la pág. 15 encontrarás más ideas sobre el modo de elaborar una rutina). Centraos en los puntos problemáticos e intentad encontrar un modo de repartir la carga. Si tienes que ir a trabajar a una hora concreta por la mañana, por ejemplo, aseguraos de que las niñas se despiertan con suficiente antelación para que puedas echarle una mano a tu mujer.

Cuando se tienen gemelos o trillizos, no hay horas en el día para organizar debidamente su cuidado, de modo que tendréis que dar de comer, vestir y bañar a las tres niñas a la vez. Como el día sólo tiene veinticuatro horas, conviene que elaboréis una rutina para que os quede tiempo de dormir. Los padres de gemelos o trillizos que pretenden atenderlos por turnos suelen fracasar en el intento: de esa forma, vestirlos y darles de comer puede llevar todo el día y si se dedica el día entero a los cuidados básicos, los niños no reciben la estimulación y la atención que necesitan mediante el juego y las nuevas experiencias, con lo que es más probable que se aburran y se porten mal. Una rutina os proporcionará tiempo para ocuparos de la personalidad y el carácter de cada una de las niñas.

¿Por qué os cuesta más ahora que las niñas son mayores? Quizá os resultaba más sencillo atender las necesidades físicas de los bebés, pero no disponéis de las técnicas precisas para afrontar su desarrollo actual. Si seguís tratándolas como si fueran bebés, seguramente estéis empeorando las cosas. Aunque sean trillizas, ante todo son niñas de tres años. A esta edad les gusta poner a prueba los límites. Vuestras hijas están en la fase de exploración.

Para aliviar la situación, podéis hacer dos cosas. En primer lugar, estableced algunos límites claros para que las trillizas sepan cuáles son las normas, y reforzadlos con la ayuda de alguna de las técnicas que proponemos en el capítulo titulado «Después del rincón de pensar» (pág. 168). En segundo lugar, fomentad la independencia de vuestras hijas encomendándoles pequeñas tareas que puedan realizar. Un niño de tres años debe ser capaz de vestirse solo con un poco de ayuda y de comer solito aunque lo ponga todo perdido. Incluso se puede pedir su colaboración en cosas pequeñas: que vaya a buscar algo o que lo guarde en su sitio. Elogiad mucho a vuestras hijas siempre que hagan las cosas sin ayuda: «Muy bien, has encontrado tus zapatos. Póntelos, por favor. ¿Quieres que papá te diga cómo?» Cuando vuestras hijas vayan siendo más autosuficientes, se sentirán realmente orgullosas de lo que aprenden.

Para tratar con gemelos o trillizos, también pueden ser útiles los siguientes consejos:

- Resulta tentador vestirlos a todos igual: están tan monos, y cuando los sacas a la calle, la gente se vuelve a mirarlos. Sin embargo, todo niño necesita potenciar su individualidad y diferenciarse de sus hermanos. Permíteles que desarrollen su propia personalidad y aprende a verlos como individuos diferentes. El uso de ropa distinta puede ser un gran paso: deja que ellos decidan lo que ponerse y ayúdalos a elegir.

- Si uno de los niños se porta mal mientras jugáis, castiga a ese niño, no a todos. Continúa jugando y déjale claro al que se ha portado mal que, cuando termine su castigo y se haya disculpado, podrá volver a jugar con todos. Enséñales la *técnica del juego en grupo* (pág. 219).

- Los gemelos y trillizos son especiales. Da gusto verlos en acción. Tiene que ser increíble crecer al tiempo que otra persona u otras personas como tú. Les cuesta poco jugar juntos, complementarse o apoyarse en lo bueno y en lo malo.

★ No tengas miedo de pedir ayuda. Ponte en contacto con algún grupo de apoyo de padres de trillizos o similares. Busca la colaboración de un amigo, un familiar o tu madre para que te echen un cable unas horas a la semana.

Por último, unos padres mayores no son mejores ni peores que unos que tuvieran sus hijos a los veintitantos o treinta y pocos. Descubre tus puntos fuertes y sácales partido. Posiblemente tengas mayores reservas de paciencia que los padres jóvenes, aunque tus niveles de energía sean menores. No olvides que, sea cual sea tu edad, nunca se es demasiado viejo para sacar al niño que llevamos dentro. Desmelénate y diviértete con tus hijos. Haz lo que tengas que hacer para recuperar la confianza en tu capacidad.

2 Hora de comer

Las comidas constituyen una de las piedras angulares de la rutina diaria. Cuando se tienen niños pequeños, es muy importante que se sienten a comer más o menos siempre a la misma hora. También es importante que pase el tiempo suficiente entre comidas para que tus hijos se acerquen a la mesa con apetito, pero no evitar el mal comportamiento e irritabilidad derivados del hambre y los bajos niveles de glucosa en sangre.

No obstante, una comida no consiste sólo en que tus hijos ingieran los alimentos adecuados en el momento oportuno; también es cuando la familia se reúne, intercambia noticias, habla de lo que ha hecho durante el día y disfruta de la compañía de los demás.

Sin embargo, en muchas familias, las comidas no son más que una lucha encarnizada por conseguir que los niños coman, se porten bien y no se levanten de la mesa. Cuando uno se enfrenta a este tipo de problemas, las comidas dejan de ser tranquilas y la mesa se convierte en un campo de batalla.

No deja de sorprenderme el tipo de dieta que muchos padres proponen a sus hijos. Comida basura, alimentos precocinados, bebidas carbonatadas con mucho azúcar y cafeína, chucherías, chucherías y más chucherías entre horas... En algunas casas, los niños no paran de rumiar en todo el día. Hay padres que se escudan en que sus hijos no quieren comer otra cosa, pero ningún niño nace pidiendo a gritos una dieta desequilibrada con alto contenido en sal, grasas y azúcares. Si no se le ofrece otra cosa, el niño aprende a preferir esos alimentos. Algunos padres dicen: «No entiendo por qué come tantas porquerías.» Perdona, ¿quién hace la compra?, ¿quién guarda esa comida en los armarios y en el frigorífico? Algunos padres ofrecen este tipo de alimentos a sus hijos y generan así un vínculo emotivo poco saludable con la comida, de modo que a los niños no les queda elección. La obesidad, la diabetes y los desórdenes alimenticios en los niños están alcanzando niveles altísimos. Es preciso que los padres sean más sensatos con la alimentación de sus hijos.

Todo niño necesita una ingesta nutricional saludable desde sus primeros días. La comida es el combustible de la actividad física y mental. Nutre el cuerpo del niño para que éste pueda crecer y desarrollarse. La dieta influye, además, en la capacidad de concentración y el comportamiento del niño, por lo que con una alimentación adecuada se encuentra mejor equipado mentalmente para su aprendizaje. Cada día se descubren más cosas sobre el modo en que determinados alimentos repercuten en el funcionamiento de nuestro organismo, desde los que refuerzan nuestro sistema inmunológico hasta los que mejoran la memoria y la concentración. Cuando Jamie Oliver lanzó su campaña de reforma de los comedores escolares en el Reino Unido, ya estaba clarísimo el impacto de la alimentación en el comportamiento de los niños.

En cuanto consiguió suprimir la comida rápida de los menús y potenciar la inclusión de comidas nutritivas, los problemas de disciplina de los centros escolares que tomaron parte en el programa disminuyeron notablemente. Promovió una actitud saludable hacia la comida, hizo divertido el mensaje y logró llegar a millones de personas.

Una de las razones por las que las comidas resultan tan estresantes en muchas casas es que la alimentación de los niños se convierte inevitablemente para los padres en un problema emocional. A algunos padres les preocupa que, si sus hijos no comen, se queden esmirriados. Cuando el niño detecta esa ansiedad, la comida empieza a transformarse en un problema de control, una forma de chantaje emocional. En otras familias, el problema de las comidas surge porque no se les ofrece a los niños suficiente variedad de alimentos en sus primeros años de vida.

Hay que reencauzar las horas de las comidas. Son los padres quienes deben dar buen ejemplo para que sus hijos aprendan patrones de alimentación saludables. Y también son ellos quienes deben establecer normas y límites con el fin de que las comidas familiares dejen de ser una batalla campal y se conviertan en un momento agradable del día.

Una dieta saludable es sólo una parte de una vida sana. El niño tiene que comer alimentos sanos en la cantidad adecuada, pero también debe desarrollar una actividad física suficiente al aire libre para quemar el exceso de energía. Además, necesita dormir un número de horas razonable todos los días para estar descansado al día siguiente. Fácil: alimentación, ejercicio, descanso y estimulación mental. Son las bases del correcto rendimiento de todo ser humano.

Consejo: Planifica
Si tienes poco tiempo durante el día, prepara la comida con antelación. Trocea las verduras, sazona la carne y haz las empanadillas cuando tengas un rato libre; luego guárdalo todo en el frigorífico hasta que vayas a cocinarlo. También puedes preparar una buena cantidad de estofado, sopa o salsa para la pasta y congelar raciones pequeñas para tenerlas siempre a mano.

Temas y técnicas tratados en este capítulo:

COMER EN FAMILIA

TÉCNICA DE LA VARITA DEL TURNO DE PALABRA para favorecer la comunicación de la familia en la mesa

TÉCNICA DEL PEQUEÑO CHEF para que los niños participen en la preparación de las comidas

LACTANCIA MATERNA, cómo solucionar los problemas

DESTETE e introducción de alimentos sólidos: qué alimentos darle al niño

COMIDAS CAÓTICAS y qué hacer al respecto

TÉCNICA DEL BUEN APETITO para niños inapetentes y con fobias alimentarias

MANTELILLO DE PREMIOS para refuerzo positivo

PICAR: lo que hay que hacer y lo que no

TÉCNICA DEL FRASCO DE CHUCHERÍAS para controlar el picoteo entre horas

E de Esfuerzo.

Cosechas lo que siembras. Si te esfuerzas un poco más, saborearás los resultados.

Comer en familia

A mi juicio es muy importante procurar que las comidas se hagan en familia siempre que sea posible. Las comidas no son sólo una forma de repostar, sino un acto social en el que los niños aprenden a relacionarse con sus hermanos y con sus padres. Las estadísticas revelan que la familia cada vez se reúne menos, sobre todo para comer, una tendencia muy preocupante.

Veo a menudo familias con comidas completamente fragmentadas. Se permite a los niños picotear todo el día, o coger cosas de los armarios o el frigorífico cuando les place. Se come delante del televisor, sea la hora que sea y pongan lo que pongan. Los padres nunca comen con sus hijos, ni supervisan lo que comen, y estos mismos padres se quejan después de que no pueden llevar a sus hijos a comer a un restaurante o a casa de un amigo porque se portan muy mal. ¿Cómo van a aprender los niños a portarse bien en la mesa si sus padres nunca están con ellos para enseñarles?

Los niños pequeños deben cenar muy temprano (para un adulto), entre las siete y las ocho, de forma que puedan esparcirse un rato y acostarse a una hora razonable. En muchas familias en las que el padre o la madre o ambos trabajan, este horario elimina la posibilidad de que todos cenen juntos entre semana. Sin embargo, los fines de semana y los días festivos son otra cosa. Aprovecha el tiempo libre para sentarte a comer con tus hijos, sea cuando sea.

Aunque los niños mayores pueden comer solos sin que nadie los vigile, no conviene dejar a su aire a los más pequeños entre semana: necesitan estímulo y ayuda con sus aptitudes motrices para aprender a coordinar los movimientos. Aunque tengas previsto comer más tarde con tu pareja, puedes sentarte a la mesa con tus hijos y beber algo, tomarte un tentempié o una pieza de fruta. No andes encima de ellos constantemente como un camarero pesado ni desaparezcas de la habitación para seguir haciendo otra cosa. Siéntate tranquilamente a la mesa y anímalos a que coman y se porten bien. ¡Habla con tus hijos! Otra cosa: nunca es demasiado pronto para enseñarles buenos modales. Hasta los más peques pueden aprender a pedir las cosas por favor y a dar las gracias.

Establece unas normas básicas para las comidas:

- Hay que lavarse las manos antes de comer.
- No hay que levantarse de la mesa ni comerse la comida en cualquier rincón de la casa.
- No se come delante de la tele. La tele debe estar apagada durante las comidas.
- Los niños no se mueven de la mesa hasta que se les diga que pueden levantarse (pero tampoco pretendas que aguanten tanto tiempo como un adulto).
- No se escupe ni se hacen guerras con la comida.
- No se chilla ni se grita.
- Hay que aprender a pedir las cosas por favor y a dar las gracias.

Las comidas son una experiencia educativa para toda la familia. Tan pronto como el bebé se mantenga derecho sin ayuda, acércale la trona a la mesa. Deja que coma solito en la medida de lo posible; empieza con cosas que pueda comer con los dedos. Cuando sea un poco mayor, siéntalo a la mesa en una silla con cojín. He visto niños de dos años y medio e incluso de tres embutidos en tronas tomándose un biberón o bebiendo de un vaso con boquilla dosificadora.

Deja que tus hijos se enfrenten a nuevos retos y anímalos a que sean más independientes. Si al principio lo ensucian todo, no pasa nada. Así es como aprenden. Pon papel de periódico o bolsas de plástico en el suelo, cubre a tus hijos con baberos, pero no entorpezcas su desarrollo.

A veces los padres se preocupan demasiado por los modales en la mesa. Sé realista. Establece reglas básicas sensatas e insiste en las normas de educación esenciales: por favor y gracias. Ante todo no permitas que tus hijos se vayan de la mesa con la boca llena.

En la versión estadounidense de *Supernanny*, visitamos a los Young. La niña pequeña, Shelby, comía y cenaba delante de la tele mientras todos los demás se sentaban a la mesa. Mi primera medida fue apagar el televisor y llevar a Shelby a la mesa con el resto de la familia. Después intenté que los miembros de la familia se comunicaran unos con otros durante la cena. Para ello usé una varita ceremonial de turno de palabra que compré en una reserva india del desierto. En los debates tribales, se usaba tradicionalmente esta varita para que todo el mundo tuviera oportunidad de hablar. El jefe indio se la pasaba a otro miembro de la tribu, y esa persona podía hablar mientras la *varita del turno de palabra* estuviera en su poder. Con los Young, el uso de la varita, que se colocaba en el mantelillo de los distintos miembros de la familia, sirvió para que se acostumbraran a escucharse y a comunicarse hablando por turnos. Fue un gran incentivo para todos.

Consejo: Apodérate del mando a distancia

He estado en casas en las que los niños se pasaban el día pegados a la tele, y en otras en las que había un televisor en cada habitación, además de videoconsolas y ordenadores. ¡Demasiada pantalla! Padres, tenéis que tomar las riendas. Decidid cuánta televisión deben ver vuestros hijos y qué programas son adecuados para su edad y temperamento. No les dejéis ver programas de miedo; observad cómo reaccionan y estad preparados para apagar la caja tonta si veis que se inquietan. Que no jueguen con la consola ni vean pelis de acción justo antes de irse a dormir: se ponen nerviosos.

F de Familia.

Tu familia es única: disfrútala.

Consejo: Comidas felices

Si tus hijos ya tienen costumbres alimenticias saludables, ¿por qué no hacer que las comidas sean divertidas de vez en cuando? Los platos, las tazas, las servilletas y los mantelillos especiales con motivos de sus personajes de dibujos favoritos, las pajitas serpenteantes en las bebidas y la comida con formas divertidas alegran la ocasión y les proporcionan una razón para disfrutar más de la comida. Yo he preparado dinosaurios de patata y patos de arroz integral hechos con moldes de recortar galletas. Da rienda suelta a la imaginación y dales un capricho a tus hijos. Usa colores y presentaciones atrevidos. La comida resulta más apetitosa si tiene buen aspecto.

Una comida en familia no implica simplemente sentarse a la mesa y comer. Involucra a tus hijos en los preparativos. Conviértelos en un esfuerzo conjunto. Esto hará que los niños se sientan realizados. Es menos probable que estropeen una comida que ellos mismos han ayudado a preparar. Esto es lo que yo llamo la **técnica del pequeño chef**.

CÓMO FUNCIONA LA TÉCNICA

- Asigna a cada uno de tus hijos una tarea: ir a buscar los platos y poner la mesa, escribir el menú, batir la masa de un pastel o lavar las verduras. Las tareas deben ser viables y adecuadas a la edad del niño.

- Elogia abundantemente el trabajo bien hecho.

Una de las familias del programa, los Amaral, tenía un restaurante que ellos mismos regentaban. Como estaban desbordados de trabajo, los padres apenas podían atender a sus hijos. Ante la ausencia de una atención positiva, los niños convertían el restaurante en su parque de atracciones particular, corrían como locos por todo el establecimiento y se portaban fatal, para desesperación del personal y sorpresa de los clientes. Ayudé a los Amaral a elaborar una rutina que favoreciera el equilibrio entre la vida laboral y la familiar, y le propuse a Mike, el padre, que se tomara un día libre más a la semana. Además, con la *técnica del pequeño chef* conseguimos que los niños se implicaran en la preparación de las comidas.

A Mike, que es cocinero, le emocionó ver cómo Logan, su hijo de cuatro años, disfrutaba realmente participando y cocinando junto a su padre. Ryan, de nueve años, se divirtió dibujando los menús, e incluso Kade, el peque, colaboró. Esta técnica transformó una tarea doméstica en un estupendo momento familiar durante el que el padre pudo realmente conectar con sus hijos, y les contagió su pasión por la cocina.

MUY IMPORTANTE

Implicar a tus hijos en la preparación de las comidas no significa que los dejes sueltos con cuchillos afilados y cazos de agua hirviendo, ni que permitas que se acerquen a la cocina mientras el fuego esté encendido. Usa el sentido común. Enséñales a hacer cosas nuevas pero siempre bajo tu supervisión. Cuando dominen una tarea, puedes proponerles otra más compleja.

Consejo: Seguridad en la cocina

Ten siempre presentes los peligros de tu cocina. Mantén los cuchillos fuera del alcance de los niños. Aparta los mangos de los cazos y las sartenes para que tus hijos no puedan quemarse. Guarda bajo llave la lejía y los productos de limpieza.

P Estaba decidida a dar de mamar a nuestra hija (la primera), pero me está costando más de lo que pensaba. No consigo que siga un horario de tomas. A mí me duele mucho el pecho y ella no para de llorar. Creo que no toma suficiente. Necesito ayuda. No quiero rendirme y darle biberones (sólo tiene seis semanas), pero estoy al borde del ataque de nervios.

R Las primeras semanas de vida de un recién nacido son muy especiales, pero también inevitablemente agotadoras. ¿Te alimentas bien? Es esencial que lleves una dieta sana, bebas mucho líquido y descanses siempre que puedas. Duerme cuando duerma ella, busca ayuda de familiares y amigos para que te hagan la compra y la comida, y no te propongas grandes metas en cuanto al resto. Tómate las cosas con toda la calma posible.

A muchas madres primerizas no se les enseña bien cómo deben dar de mamar al bebé antes de salir de la maternidad. No siempre es fácil. Si te duele el pecho y tienes los pezones irritados, es más que probable que tu hija no se agarre bien. Esto puede producirte una mastitis, una inflamación de los conductos mamarios que resulta muy dolorosa. Casi toda la aureola del pezón (la parte oscura) debe quedar en la boca del bebé cuando mame. Si mama solo del extremo del pezón, no succionará el pecho correctamente, se obstruirán los conductos mamarios, con el consiguiente dolor, y los pezones podrían secarse y agrietarse. También es importante que le des los dos pechos por turnos para que te los vacíe correctamente. Si cuando termina con uno, está llena, ofrécele el otro en la siguiente toma.

También debes saber que tus pechos producen leche en respuesta a las necesidades de tu bebé. Es normal que los horarios de las tomas tarden en seguir una pauta razonable. Sin embargo, cuando esto suceda, es posible que la pauta vuelva a cambiar a las pocas semanas y tengas la sensación de que el bebé quiere comer a todas horas. No desesperes. No es que se muera de hambre: es el modo en que la naturaleza aumenta la leche que produces para satisfacer las necesidades crecientes de tu bebé. Tan pronto como produzcas más leche, las tomas volverán a regularse.

Cuando hayas conseguido que se agarre bien al pecho, tu hija mamará más en cada toma y, como consecuencia, estará menos inquieta. No supongas que siempre que llora es porque tiene hambre; a lo mejor tiene gases o necesita que la cambies.

Algunos bebés tardan más que otros en regularizar sus tomas, pero hacia las tres o seis semanas la mayoría suele pedir una toma cada dos a cuatro horas. Puedes seguir dándole de mamar cuando te lo pida o crear una rutina para que te resulte más fácil compatibilizar sus tomas con tu horario. Por ejemplo, si adelantas las tomas un poco cada día, conseguirás tener que levantarte menos por las noches.

Si decides dejar de darle el pecho y empezar a darle biberones, tampoco te fustigues por ello.

P ¿Cuándo debería iniciar el destete de mi bebé? ¿Qué tipo de alimentos puedo darle? Ya tiene tres meses, y mi madre dice que es hora de que empiece a comer sólidos.

R Yo esperaría un poco. Leche (materna o de continuación) y agua hervida y enfriada es todo lo que debes darle al bebé durante sus primeros meses, de los cuatro a los seis. Después, puedes empezar a introducir en su dieta nuevos sabores. Es importante no precipitar las cosas. El desarrollo del aparato digestivo de un bebé tarda en alcanzar el punto en el que admite otros alimentos distintos de la leche. Si empiezas a darle alimentos sólidos demasiado pronto, puedes producirle reacciones alérgicas y problemas estomacales. Cuando el bebé empiece a pedirte cada vez más tomas, o su aumento de peso se detenga sin razón, sabrás que ha llegado el momento de probar con los sólidos.

Empieza ofreciéndole alimentos blandos o semisólidos, como preparados de arroz para bebés o cereales para lactantes, mezclados con leche materna, leche de continuación o agua hervida y enfriada. Al principio, sólo le presentarás sabores y texturas. No esperes que lo acepte de inmediato: para el bebé será toda una nueva sensación. Elige un momento para ofrecerle alimentos nuevos, preferiblemente el desayuno o la comida, porque por la noche estará más cansado. No olvides darle siempre mucha agua.

Cuando el bebé se ha acostumbrado a los cereales o el arroz infantiles, hay que empezar a darle verduras y hortalizas hervidas y en puré. Después vienen las papillas de frutas. A continuación puedes introducir las proteínas: primero las carnes blancas (pollo hervido y en puré) y después las rojas (carne picada de ternera o cordero). Procura que la carne esté triturada o en puré para que no haya trozos grandes con los que el bebé pueda atragantarse. Por último, yo introduciría alimentos básicos, como el arroz integral y la patata, mezclados con carne y verduras.

Ofrécele un alimento nuevo cada vez, de forma que puedas observar si se producen reacciones alérgicas. Si al bebé le sale una erupción o experimenta un repentino ataque de vómitos o diarrea, llévalo al hospital inmediatamente.

Consejo: Aliméntate bien

Muchas madres dicen que nunca han pasado tanta hambre y sed como cuando daban el pecho a sus hijos. Conviene que dejes una botella grande de agua junto a la cama para no tener que pasearte por la casa a tientas después de una toma nocturna. No pruebes la cafeína, el alcohol, ni las comidas picantes. Mantente alerta a cualquier alimento que le produzca dolor de tripita al bebé y suprímelo de tu dieta de momento.

Nunca le des al bebé los siguientes alimentos:

- **ALIMENTOS CRUDOS** Un bebé al que no le ha salido ningún diente no puede comer alimentos crudos. Podría desprenderse algún pedazo y producirle un atragantamiento. Espera hasta que el niño haya cumplido el año y vigílalo de cerca mientras come.
- **FRUTOS SECOS** Los frutos secos también pueden producir atragantamientos. Si le das fruta, asegúrate de quitarle el hueso primero. Muchos frutos secos causan alergias: evítalos a toda costa.
- **CÍTRICOS** El limón y la lima son demasiado ácidos para la tripita del bebé.
- **SAL** Nunca añadas sal a la dieta del bebé: sus riñones no pueden asimilarla de forma natural.
- **AZÚCAR** Nada de azúcar extra ni caprichos dulces. Las frutas y las verduras contienen azúcares naturales que son sanos y más que suficientes.
- **LECHE DE VACA** No le des leche de vaca a tu hijo hasta que tenga al menos un año.
- **HUEVOS** Espera a que el niño cumpla el año para darle huevos enteros. La clara del huevo, concretamente, puede producir reacciones alérgicas. Puedes darle yemas de huevo revueltas hacia los nueve meses.
- **TRIGO** Ten cuidado con el trigo, que produce alergia a algunos niños.
- **MARISCO** Con el marisco siempre existe el riesgo de intoxicación. No hay que darle marisco a un niño menor de dos años.

P *Mi bebé tiene seis meses y no le interesan los alimentos sólidos en absoluto. Los escupe siempre. Aún le doy el pecho y he oído que a los niños que han tomado el pecho les cuesta más acostumbrarse a los sólidos. ¿Es cierto? Me preocupa que no coma lo suficiente.*

R El destete de un bebé y el inicio de la alimentación sólida llevan su tiempo. No esperes que le encante a la primera. Al principio, bastará con que pruebe un par de cucharadas al día para ir acostumbrándose. Empieza a darle una segunda comida sólo cuando consigas que se tome una docena de cucharadas en la primera. Yo suelo usar la tapa de plástico de un biberón para calcular una ración. Una tapa es un buen comienzo.

El bebé no escupe la comida porque no le gusta. Lo que ocurre es que, cuando le metes en la boca una cucharada de un sabor nuevo, la explora y pasea el alimento con la lengua. Esto hace que el alimento se diluya, por eso le chorrea por toda la cara y por el babero. No olvides que está acostumbrado a la leche. Los alimentos sólidos no sólo tienen un sabor distinto, sino también una textura diferente. Dale tiempo para que se acostumbre a la sensación. Hasta ahora no ha hecho otra cosa que succionar; tiene que aprender a usar un músculo distinto para comer.

Por otra parte, es posible que algunos sabores no le agraden. Si gira la cabeza o pone cara de asco es que no lo quiere. No lo fuerces. Prueba con otro alimento la próxima vez a ver si le gusta más. Procura que los alimentos que le das al bebé no estén muy calientes. Lo mejor es que estén templados.

Prueba a darle una cuchara de plástico para que juegue con ella mientras le das de comer. A los cinco meses, aún le queda mucho para empezar a comer solo, pero puede que lo divierta agitarla en el aire o aporrear la bandeja con ella. Así las comidas le resultan más entretenidas.

Si el bebé está lleno de energía y sigue ganando peso o manteniéndolo, está bien alimentado. Asegúrate de darle agua hervida y enfriada junto con el pecho para que no te pida una toma sólo porque tiene sed.

No hay razón física para que el destete de un bebé que ha mamado lleve más tiempo que el de uno que haya tomado biberones. Sin embargo, a veces los bebés que toman el pecho no quieren dejar de hacerlo porque los conforta. Usan el pezón de chupete. También a algunas madres les cuesta dejar de dar el pecho a sus bebés porque la proximidad con sus hijos les resulta igualmente reconfortante. El destete puede convertirse en un proceso muy emocional en todos los sentidos. Tómate tu tiempo y recuerda que al final lo conseguirás.

Consejo: Dentición

A algunos bebés ya les ha brotado un diente cuando nacen. A la mayoría les brota el primer diente entre los tres y los seis meses. Otros tardan más. Los síntomas que hay que observar son los siguientes:

- ***Enrojecimiento de las mejillas***
- ***Tendencia a morder con fuerza cualquier objeto***
- ***Aparición de pequeñas burbujas blancas en las encías***
- ***Fiebre leve que no sube más de un grado***
- ***Babeo***
- ***Cacas de olor más intenso y a veces irritación del culete***
- ***Llanto nocturno y problemas de sueño***
- ***Leve pérdida del apetito***

Alivia el malestar de tu bebé con anillos duros de dentición (mejor congelados), analgésicos suaves o remedios herbales para bebés, y mucho amor y consuelo.

F de Felicidad.

Desmelénate y pásatelo bien con tus hijos. Los niños aprenden más cuando es divertido.

P Mi hijo lleva nueve meses tomando el pecho, y me gustaría que lo dejara porque pronto tendré que volver al trabajo. Ya no produzco mucha leche, pero él no da señales de que haya dejado de interesarle. Me doy cuenta de que mamar lo relaja; a veces es la única forma de tranquilizarlo, sobre todo por la noche. ¿Cómo abordo el destete? Lleva cuatro meses y medio comiendo sólidos.

R Algunos bebés se destetan solos en cuanto se acostumbran a los alimentos sólidos. A otros hay que obligarlos. Como ya no produces mucha leche y tu hijo come bien, vas a tener que llevarlo en la dirección correcta tú misma. Por tu pregunta deduzco que necesitas que te asegure que es el momento adecuado para hacerlo. Tu hijo mama porque lo relaja. Debes romper ese lazo y provocar el cambio emocional. No perderás el vínculo con tu hijo.

Si fuera más pequeño, te sugeriría que lo dejaras poco a poco, suprimiendo las tomas nocturnas y reduciendo después las tomas a una diurna y otra a última hora de la noche. Lo que suele suceder es que el bebé se salta entonces una de las tomas diurnas, probablemente la de la mañana, algo que te permite dejar de darle el pecho por completo.

Pero en tu caso yo no optaría por el método gradual. Como tu hijo ya tiene nueve meses, el mantenimiento de las tomas diurnas sólo empeorará las noches. La solución es dejar de darle el pecho de golpe. Si sigues dándole de mamar para tranquilizarlo, te lo seguirá pidiendo. No va a rechazar un chupete que siempre está ahí cuando lo necesita.

Si le cuesta relajarse sin el pecho, echa un vistazo al capítulo titulado «Hora de acostarse» (pág. 76). Lo que tu hijo necesita es aprender a dormirse solo y volver a relajarse cuando se despierta. Si se despierta mucho durante la noche y llora para llamar la atención, prueba la *técnica del llanto controlado* (pág. 91).

No dejes que el bebé se duerma mientras toma el pecho. Si ves que se le cierran los ojos, llévalo a su cunita e intenta que se duerma solo. Asegúrate de ofrecerle al niño mucho líquido durante el día, en forma de agua hervida y enfriada.

Esta ruptura puede resultar muy dura emocionalmente. Aunque quieras dejar de darle el pecho y tengas razones de sobra para hacerlo, no te extrañe que de pronto sientas un poco de remordimiento por poner fin a esta fase. Consuélate con la idea de que tu bebé está listo para pasar a la siguiente etapa, y tú también.

Consejo: Gases

La mayoría de los bebés vomita algo de leche después de la toma, pero si el niño traga demasiado aire con la leche, podría vomitar la toma entera. Si le das biberones, procura que el agujero de la tetina sea suficientemente grande para que pasen unas dos gotas de leche por segundo, pero tampoco demasiado. Sostén el biberón con una inclinación tal que la burbuja de aire no alcance la tetina. Procura que el bebé expulse el aire que haya tragado a mitad de cada toma. Normalmente puede saberse por el gesto si el niño está lleno: arrugan la cara en señal de malestar.

P A mi hija de dos años y medio no le interesa la comida. Rechaza todo lo que le ofrezco. Grita «¡No!» y tira la comida al suelo. Sin embargo, no para de beber. Estoy tan angustiada que no sé qué hacer.

R Los padres se ponen muy nerviosos cuando sus hijos no quieren comer. No hay nada que dispare más fácilmente el nivel de ansiedad. Para que estés tranquila, te sugeriría que primero lleves a la niña al pediatra y hagas que la examine para descartar que su rechazo de la comida tenga alguna justificación patológica. La sed excesiva puede ser un signo de diabetes, sobre todo si pierde peso al mismo tiempo o parece necesitar alimentos dulces. Si su peso está dentro de lo normal en un niño de su edad y la niña está fuerte, me temo que el problema es que tu hija se sirve de la comida como medio de control.

Muchos padres dicen que sus hijos no comen cuando en realidad deberían decir que no comen a la hora de las comidas. ¿Pica a cualquier hora? Si es así, reduce el número de tentempiés para que tenga más hambre en el desayuno, la comida y la cena. ¿Qué clase de bebidas le das? Hasta los zumos tienen un alto contenido en azúcar y pueden quitarle el apetito a un niño. Si le das leche durante el día, puede que ésta le produzca saciedad. Dale zumos muy diluidos o agua y vigila su ingesta de líquidos.

¿Qué tal duerme? Si tiene problemas de sueño, procura resolverlos también. Un niño que duerme mal suele comer mal. Si consigues que duerma mejor, posiblemente aumente su apetito.

El rechazo de la comida es corriente a esa edad. La niña detecta tu angustia a la hora de las comidas. Su comportamiento llama tu atención, aunque sea de forma negativa. Respeta la rutina de las comidas. Siéntate a comer con tu hija. No le des a elegir ni negocies con ella. Siempre que sea posible, procura comer lo mismo que la niña.

Sírvele una ración pequeña. No deja de sorprenderme la cantidad de comida que algunos padres amontonan en los platos de sus hijos pequeños. Las grandes cantidades de comida desalientan a los niños. Una ración de buen tamaño para un niño pequeño es más o menos lo que cabe en un plato de postre.

Si tu hija tira la comida o grita «¡No!», usa una de las técnicas de castigo propuestas en el capítulo titulado «Después del rincón de pensar» (pág. 168). Explícale que no hay que gritar ni tirar la comida. Marca los límites y controla la situación. El modo de saber si usa la comida como medio de control es observar si presenta un comportamiento similar en otras áreas, por ejemplo si se niega a vestirse.

Si continúa rechazando la comida, cede un poco. Dile que puede levantarse de la mesa cuando se tome tres cucharadas. Mantente firme: no aflojes cuando se haya tomado una o dos. Elógiala cuando coma. Muestra entusiasmo y déjale claro lo contenta que estás. Lo que pretendemos es reemplazar la atención negativa que recibe con su rechazo de la comida por una atención positiva. Las palabras de aliento vienen muy bien para corregir este tipo de comportamiento. Prémiala.

Consejo: ¡Hora de cenar! ***Avisa con tiempo a tus hijos de las horas de las comidas: «¡Cenamos en diez minutos!», «¡Cenamos en cinco minutos! Por favor, id a lavaros las manos.» No esperes que dejen inmediatamente lo que estén haciendo y vayan corriendo a la mesa. Dales tiempo para que asimilen el cambio de actividad.***

Ofrécele siempre variedad en todas las comidas. Cuando hayas conseguido que empiece a comer mejor, verás que hay alimentos que no le llaman la atención. Procura ofrecérselos de formas distintas por si es la textura lo que no le agrada y no el sabor. Por ejemplo, a algunos niños les gustan las zanahorias cocidas, pero no las crudas, o al revés.

La clave es la constancia. Mantén el nivel de ansiedad bajo control para que tu hija no se vea tentada de seguir convirtiendo las comidas en una guerra de voluntades.

P *En casa, las horas de las comidas son una locura. Tenemos tres hijos, de nueve, cinco y cuatro años, y en cuanto nos sentamos todos a comer, la mesa se convierte en un caos absoluto. Millie, la de nueve, se come la mitad de lo que le pongo y luego desaparece para ver la tele. Los otros dos siempre se pelean y se portan fatal. ¿Qué hago? No quiero convertirme en un sargento, que la cosa ya está bastante mal.*

R Y empeorará si no te pones en tu sitio y les enseñas a tus hijos cómo esperas que se comporten. Los padres suelen ser reacios a castigar a sus hijos por cuestiones relacionadas con la comida porque les preocupa más que los niños coman y porque los castigos estropean un momento del día que debería ser agradable. Sin embargo, el mal comportamiento en la mesa no es distinto del mal comportamiento en cualquier otro sitio. Debes acordar con tu pareja unas normas claras y comunicárselas a los niños.

¿Por qué se deja tu hija mayor la mitad de la comida? ¿Le pones demasiada? No le llenes el plato hasta arriba. Ofrécele una ración sensata. Si se la termina y quiere más, deja que repita dentro de lo razonable. Enséñale a tu hija a pedir permiso para levantarse de la mesa cuando haya terminado de comer; no la obligues a esperar sentada eternamente hasta que terminen sus hermanos pequeños. No es necesario.

Si se deja la comida para poder seguir viendo la tele, la cosa es distinta. El televisor debe estar apagado durante las comidas. Punto. Dile que podrá levantarse de la mesa siempre que la tele esté apagada hasta que tú digas que la puede encender. Recuérdale que no picará nada hasta la siguiente comida.

Tampoco me sorprendería que tu hija estuviera deseando levantarse de la mesa para alejarse de las riñas de sus hermanos. Las comidas no son más agradables para ella que para ti. Si salieras a comer a un restaurante y la pareja de la mesa de al lado se estuviera tirando los trastos a la cabeza, no disfrutarías de la ocasión, ¿a que no? Volverías a casa con indigestión en lugar de un recuerdo feliz.

Usa la *técnica del rincón de pensar* o cualquiera de sus variantes (pág. 172) para restaurar la paz a la hora de las comidas. Cuando tus hijos guerreros empiecen a montar el numerito, insiste en que cumplan las normas y castígalos si no obedecen. Puede que la situación empeore antes de mejorar, pero si no impones la disciplina, nunca mejorará.

Cuando empieces a ver un mejor comportamiento en la mesa, podrás hablar con tus hijos y disfrutar de un momento de tranquilidad con ellos. Además, tu hija de nueve años no estará tan desesperada por salir corriendo a sentarse delante de la tele.

Consejo: ¡Quiero repetir!

Si tu hijo se termina el plato y pide más, no pasa nada, dentro de unos límites, pero no elogies al niño por querer repetir. Lo confundirás. Está bien tener buen apetito y es estupendo que a los niños les guste lo que cocinas, pero tu hijo no debe asociar el repetir plato con el buen comportamiento.

P *Mi hijo de tres años no quiere comer verduras. Antes comía cualquier cosa que le ofreciéramos, pero últimamente le ha dado por decir que odia los guisantes, las zanahorias, las judías..., y la lista va aumentando. No paro de decirle lo importante que es comer verduras, pero él se limita a contestar que las odia.*

R Como es lógico, los niños, igual que los padres, tienen sus preferencias. Sin embargo, los caprichos en el comer son algo muy distinto. Aunque tu hijo no es el típico niño que hace ascos a todo, va camino de serlo, porque tú se lo permites. Posiblemente se haya dado cuenta de que, cuando rechaza la comida, le haces caso, o quizá piense que, si se deja la verdura, puede volver antes a lo que estuviera haciendo. Corta por lo sano o pasará al siguiente grupo de alimentos.

Dale a elegir entre varias verduras con cada comida. Si se niega a comer lo que ha elegido, recuérdale que lo ha decidido él y pídele que se coma un par de cucharadas.

No des demasiada importancia a su negativa. Muchos niños pequeños proclaman su odio por un determinado tipo de alimento y después se lo comen tan tranquilos cuando se lo ofreces un par de meses después, sobre todo si su negativa no tiene efecto. Los más pequeños no son muy constantes en sus preferencias: «¡Ya me gusta el tomate!», anuncian orgullosos tres días después de decirte que lo odian. Prueba a ofrecerle verduras crudas: a veces no es el sabor lo que no les gusta sino la textura. También puedes añadirlas a un estofado o una empanada. No le ofrezcas demasiadas opciones («¿Repollo?, ¿coliflor?, ¿judías verdes?»): solo servirá para que pueda añadir algo más a su lista de alimentos odiados.

Por otra parte, conviene que observes qué alimentos le disgustan de verdad. La auténtica repugnancia es difícil de fingir o disimular: se lo notarás en la cara. Si realmente no le gustan los guisantes, suprímelos del menú. Procura que no sepa lo que te gusta y lo que no. A lo mejor no te entusiasman los champiñones, pero no hay razón para que no se los des a tu hijo. A menudo condicionamos a nuestros hijos sin darnos cuenta, con una simple reacción nuestra. Por ejemplo, a mí no me gusta el hígado, pero preparo un hígado delicioso.

P *Mi hija de cinco años, Amy, siempre ha comido muy mal, pero últimamente la cosa ha empeorado mucho y ahora se niega a comer nada que no sea pasta a secas con un poco de queso gratinado por encima. Si le ponemos algo más delante, comienza a gritar y ni lo toca. Empieza a ir al cole dentro de un par de meses, y me preocupa lo que pueda pasar en el comedor escolar. No quiero ni imaginármela danzando todo el día por ahí con el estómago vacío. ¿Qué puedo hacer?*

R Casi todos los niños pasan por fases en las que comen menos de lo normal o en las que comen siempre lo mismo. Si no le das demasiada importancia, normalmente se les pasa en poco tiempo.

El comportamiento de tu hija me dice que ha aprendido con los años a usar la comida como instrumento de control. Tienes que hacer frente a la situación de inmediato, antes de que empeore.

¿Qué haces cuando rechaza la comida? ¿Le suplicas? ¿Te enfadas? ¿Intentas obligarla a comer? Lo primero que debes hacer es no tomarte tan a pecho las comidas. Veo que los hábitos alimentarios de tu hija te preocupan de verdad. Es comprensible. A todos los padres les aterra que sus hijos no coman bien. Pero para conseguir que vuelva a alimentarse correctamente, debes dejar de prestarle atención a su mal comportamiento. Por otra parte, tienes que dejar de consentirle una dieta tan limitada y empezar a ofrecerle comidas variadas y equilibradas. En cuanto empiece a comer, aunque sólo sea un bocado de algo distinto, elógiala mucho.

No hay una solución fácil para los niños que comen mal, sobre todo si llevan tiempo haciéndolo. Necesitarás mucha paciencia y determinación para darle la vuelta a las cosas. Hagas lo que hagas, no vuelvas a caer en el error de darle lo que comía antes para evitar la angustia y la frustración de ver que apenas come. Si perseveras, la situación mejorará, poco a poco.

Uno de los peores casos de inapetencia con que me ha tocado lidiar fue el de un niño de siete años que casi tenía fobia a la comida. Cuando llegué a la casa, el niño comía patatas fritas y poco más. Se portaba bien, pero siempre estaba cansado, en parte porque no ingería los nutrientes necesarios. Los padres achacaban los problemas del niño con la comida a una gripe intestinal que había tenido de bebé. Seis años después, las horas de las comidas seguían siendo una tortura para sus padres. El niño ni tocaba, y mucho menos se comía, la comida que le ofrecían. La falta de entusiasmo del niño por la comida casi había agotado la paciencia de sus padres, y la situación se había convertido en una espiral negativa con grandes cantidades de energía destructiva y el constante temor por las horas de las comidas. El niño se pasaba días enteros sin comer, hasta que sus padres cedían y le daban comida ya preparada en un intento desesperado por que se llevara algo a la boca.

El que el niño estuviera dispuesto a comer porquerías en cualquier momento era la causa de los sentimientos de indignación y frustración de sus padres.

En las siguientes páginas, veremos cómo resolvimos este problema.

A continuación veremos algunas de las técnicas empleadas para hacer frente a la fobia de aquel niño por la comida. Pruébalas y empezarás a ver signos de mejora.

- **La técnica del buen apetito** Una de las primeras cosas que hice con aquella familia fue pedirles que se deshicieran de la sartén de las patatas fritas y compraran comida sana, que papá y mamá tendrían que cocinar y no limitarse a calentar. Luego les pedí a los padres que se sentaran e idearan dos menús para la comida principal del día. Los escribieron en dos cartulinas y les pidieron a los niños que decidieran cuál de los dos preferían.

  Al principio, el mayor se negaba a participar y rechazaba las dos opciones, pero su hermano pequeño eligió la que le sonaba mejor, y aquello fue lo que comió la familia. Después de unas cuantas comidas, el hijo mayor se animó y empezó a mostrar sus preferencias.

  Cuando un niño rechaza toda clase de alimentos, ofrecerle un número de opciones limitado a dos alternativas sanas le permite opinar sobre el asunto, con lo que deja de pensar que tiene que comer lo que le digan. Es fundamental que las opciones que se le ofrezcan sean alternativas sanas que quieras que el niño coma. Lo que no hay que hacer es darle lo que está dispuesto a comer.

- Si el niño sigue negándose a comer, anímalo a que pruebe un bocado. No lo regañes ni se lo ordenes. En cuanto pruebe un poco, elógialo mucho para favorecer la continuidad de su buen comportamiento.

- Si tu hijo se niega incluso a probar un bocado, no le des demasiada importancia. Déjale claro que no vas a darle nada más hasta la próxima comida. Después, aparta el pedazo de comida que quieres que se coma. Anímalo a que se lo coma. En esta fase, no se trata de que el niño se lo coma todo, sino de que pruebe alimentos nuevos.

- **El mantelillo de premios** Prueba a usar un mantelillo con un gráfico de puntos para premiar los progresos de tu hijo. Usamos esta técnica con el niño de siete años que sólo comía patatas fritas y con su hermano. El mantelillo tenía cuatro apartados marcados en el borde, dos a cada lado: uno para las proteínas (rojo), otro para los carbohidratos (azul), otro para la fruta (amarillo) y otro para las verduras (verde). Al niño y a su hermano les dábamos una pegatina del color que correspondiera cada vez que comían un bocado de un alimento de alguno de los cuatro grupos. Si se comían una ración entera, les dábamos una estrella adhesiva. Les pedimos a los padres que elogiaran mucho a su hijo mayor siempre que probara un alimento nuevo. A medida que pasaba el tiempo y el niño mostraba menos inconveniente en probar cosas nuevas, les pedí a los padres que fueran moderando sus elogios por cada bocado, de modo que el niño aprendiera que comer bien no es ninguna hazaña. Cuando consiguiera comerse una ración entera, podrían seguir elogiándolo como siempre.

- También usamos la *técnica del pequeño chef* (pág. 60) para que los niños participaran en la preparación de las comidas, favorecer así el vínculo con sus padres y ayudar al hijo mayor a superar su temor a la comida. Vestimos a los niños de cocineros, con sus gorros y sus delantales, y los pusimos manos a la obra: mezclando, haciendo batidos, escribiendo los menús y ayudando en general a preparar la comida. Se elogió mucho su esfuerzo. ¿Qué hacen los cocineros? Van probando lo que preparan para asegurarse de que el plato queda rico. El niño no tardó en empezar a chuparse los dedos.

★ **Asumir responsabilidades** Además, le regalé una planta tomatera para enseñarle que todo lo que crece necesita alimento, cariño y cuidados. El niño tuvo que encargarse de la planta, echarle abono, regarla y cuidar de ella. Unas semanas después, se sentía orgulloso de todos los alimentos sanos que había probado, y sus padres me comunicaron que estaba más contento en general y tenía mucha más energía para jugar y divertirse.

Plantéate expectativas realistas. Darle la vuelta a un desorden alimenticio lleva tiempo. No esperes cambios inmediatos y continúa valorando los progresos por pequeños que sean. Si tu hija se niega en redondo a comer, retírale el plato al final de la comida y no le des nada más. La niña debe entender que no podrá compensar las comidas con chucherías o caprichos entre horas.

Los desórdenes alimentarios de todo tipo son cada vez más frecuentes, y se dan en niños cada vez más pequeños y de ambos sexos. Los medios de comunicación bombardean a niños de apenas ocho, nueve o diez años con la perfección física aparentemente imposible de estrellas del pop y famosos. Esto repercute, como es lógico, en la confianza y la autoestima de los niños. Aprovecha cualquier oportunidad para tranquilizar a tus hijos y enseñarles que lo que importa es la belleza interior. Recuérdales que esa niña estupendísima del cole tiene defectos como todas, porque nadie es perfecto. Si sospechas que tu hijo tiene problemas graves con la comida, cuanto antes actúes mejor. No esperes a que se le pase. Pide consejo a tu médico o psicólogo o ponte en contacto con alguna asociación de personas con desórdenes alimentarios. Estas enfermedades no tienen nada que ver con la comida, sino con sentimientos y falsas imágenes de perfección.

MUY IMPORTANTE

Sentaos a comer en familia y hablad de lo que habéis hecho durante el día. Si le prestas demasiada atención al niño que come mal, lo confundirás. Hablad de algo que no sea comida: demuéstrales a tus hijos que las comidas pueden ser divertidas y relajadas y no una fuente de angustia.

Consejo: Comidas educativas

Busca tiempo para divertirte cocinando con tus hijos. Haz que se impliquen: aumentará su interés por la comida.

P *Mi hija de cuatro años ha empezado a pedirme picar alguna cosa justo antes de acostarse. No quiero que se harte de porquerías, pero mi marido dice que soy demasiado estricta y que una galleta de chocolate o una bolsa de patatas de vez en cuando no le va a hacer ningún daño. ¿Soy poco razonable? ¿Debería dejarle que coma lo que quiera?*

R Picar algo entre comidas puede desempeñar un papel positivo en la dieta de un niño. Una pequeña inyección de energía después del juego agotador o la ingesta de nutrientes o líquidos adicionales entre horas está bien, siempre que sea razonable. El esquema de tres comidas al día es propio de adultos. A los niños a veces les viene bien un pequeño tentempié a media mañana y a media tarde, pero es importante tener mucho cuidado con la cantidad para evitar que no tengan apetito en las comidas principales del día.

Además de la cantidad, es importante la calidad. Un tentempié saludable, como un yogur, un quesito, fruta, verduritas crudas o zumo diluido, es estupendo. Por el contrario, las bebidas carbonatadas, las patatas fritas, las galletas y los dulces poseen escaso valor nutricional. No digo que se les prohíba a los niños tomar este tipo de aperitivos, pero no conviene que los tengan siempre a su disposición. Todo está bien con moderación. Los alimentos y las bebidas de alto contenido en azúcar disparan el nivel de glucosa en sangre del niño. Este subidón de glucosa los afecta de formas distintas: corren por toda la casa, gritan, hacen tonterías, se vuelven agresivos, igual que si estuvieran borrachos. ¿Te suena de algo? Piensa en la típica fiesta de cumpleaños. Luego, tras el subidón, el nivel de glucosa en sangre cae en picado y se sitúa incluso por debajo de donde se encontraba antes de la ingestión del aperitivo dulce. Resultado: lloriqueo, rabietas y otras formas de mal comportamiento. Darle chocolate a la niña a última hora del día no es buena idea. Un subidón de glucosa instantáneo no es la mejor forma de conseguir que tu hija se relaje para dormir. Se trata de una mala costumbre con la que debes acabar.

Vimos un claro ejemplo de esto en una de las familias de *Supernanny*. A los Young les costaba controlar a sus cinco hijos de menos de nueve años. *Amotinamiento* es un término suave para lo que sucedía en aquella casa. Los niños se peleaban, escupían, decían tacos, destrozaban el jardín con palas, rompían cosas, agujereaban las puertas a puñetazos... Ayudé a la familia a implantar algunas técnicas de disciplina básicas, y las cosas empezaron a mejorar. Después, la noche de un día en que los chicos se habían portado mejor que nunca, cuando su padre volvió a casa del trabajo, decidió invitarlos a una bolsa enorme de chucherías. Cinco niños de menos de nueve años bajo los efectos de un subidón de glucosa no es agradable de ver, lo garantizo.

Algo parecido sucedía en la casa de los Ririe. Al abrir la puerta de la despensa, me quedé pasmada. Aquello era Chuchelandia y estaba al alcance de los niños a todas horas. No me extraña que no tuvieran apetito a la hora de la comida, ni que se portaran tan sumamente mal. Lo que hice en este caso fue usar la *técnica del frasco de chucherías*.

A cada niño se le daba su frasco de chucherías y se le permitía elegir tres tentempiés sanos que meter dentro. Preparamos una rutina en la que asignamos unas horas para el disfrute de los tentempiés. Si los niños se comían todos los tentempiés en el mismo día, ya no se les daban más.

Tu marido y tú vais a tener que poneros de acuerdo. Usad la **técnica de la sintonía** (pág. 30) para resolver vuestras diferencias en esta materia.

Éstas son mis normas para el picoteo entre horas:

- Conviene ofrecer a los niños pequeños un tentempié a media mañana y otro a media tarde. No les des dulces.
- Limita el acceso a las chucherías para que los niños no puedan cogerlas cuando quieran. Guárdalas en una caja y escóndela.
- Ten cuidado con las cantidades. No le des al niño un tentempié muy grande que le quite el apetito para las comidas principales.
- No dejes que tu hijo picotee justo antes de comer.
- No uses las chucherías como soborno ni como elemento de negociación para que el niño coma bien.
- Un capricho está bien de vez en cuando, pero dáselo cuando tú quieras.

Consejo: La hora del tentempié

Usa el sentido común con los tentempiés. Si por alguna razón te retrasas por la mañana y se te va al traste la rutina, prescinde del tentempié matutino. De esa forma, tus hijos seguirán teniendo apetito a la hora de comer.

Consejo: Subidones y bajones de glucosa

El azúcar del organismo lo libera una hormona llamada insulina, que se produce en el páncreas. Cuando un niño come una chuchería dulce o toma una bebida azucarada, se dispara el nivel de glucosa en sangre. Esto estimula la producción de insulina por parte del páncreas para reducir ese nivel, y el resultado es su rápido descenso. Estas subidas y bajadas se traducen en cambios bruscos de humor: nerviosismo cuando el nivel de glucosa en sangre es alto, irritabilidad y lloriqueos cuando es bajo. Los carbohidratos compuestos, como los cereales integrales y las verduras y hortalizas, liberan su contenido en azúcar lentamente, con lo que el nivel de glucosa en sangre se mantiene estable durante todo el día.

G de Gente mayor.

La relación con «tu gente mayor», con los abuelos, desempeña un papel importantísimo en la dinámica familiar. ¡Se lo merecen todo!

3 Hora de acostarse

En muchas familias, la hora de acostarse es un importante detonante de caos y desorganización. Meter a los niños en la cama y conseguir que se queden en ella puede llevar toda la noche cuando no se ha establecido una rutina ni se ha impuesto un control firme. Al día siguiente, los padres y los niños agotados son como una bomba de relojería a punto de estallar.

Hace un par de años, colaboré con la *American National Sleep Foundation* (fundación estadounidense dedicada al estudio de los trastornos del sueño), que llevaba a cabo un estudio sobre el sueño en la infancia. Los resultados, publicados en octubre del 2005, fueron muy reveladores. Éstos son algunos:

- Un 40 por ciento de los padres y cuidadores encuestados manifestó que sus niños y bebés dormían menos de las doce o quince horas recomendadas por la fundación y los expertos en sueño infantil.

- Un 40 por ciento declaró que sus niños sufrían trastornos del sueño todas las noches.

- Un 64 por ciento afirmó que sus niños y bebés presentaban trastornos del sueño que les impedían dormir la cantidad de horas recomendada al menos unas cuantas veces por semana.

- Un 25 por ciento de los padres y cuidadores encuestados declaró que sus niños y bebés parecían soñolientos y cansados durante el día.

- Un 34 por ciento pensaba que el patrón de sueño de un niño puede afectar o perjudicar a toda la familia.

- Un 71 por ciento de los padres y cuidadores encuestados admitió dormir menos de lo necesario.

- Un 98 por ciento reconoció que los niños están más contentos cuando han dormido bien.

El sondeo se realizó entre padres y otras personas responsables del cuidado de los niños. ¿Por qué son tan preocupantes los resultados?

Piénsalo un instante. ¿Cómo te sientes cuando no has descansado lo suficiente? Cuando no dormimos bien, al día siguiente no podemos funcionar correctamente, estamos aturdidos e irritables, nuestras reacciones son más lentas, nuestra capacidad de concentración es menor. Si eso sucede noche tras noche, nuestro sistema inmunológico empieza a sufrir y somos más propensos a resfriarnos y cansarnos. También es más probable que tengamos accidentes. Las consecuencias de la privación de sueño pueden ser muy graves, por eso se usa como tortura.

Con los niños es igual, incluso peor. Un niño necesita dormir mucho más que un adulto, porque está creciendo y desarrollándose, tanto física como psíquicamente. Además, a diferencia de los adultos, que pueden echar una cabezadita durante el día, los niños que se acuestan demasiado tarde o no consiguen dormirse hasta después de horas de resistencia, no podrán compensar ese déficit al día siguiente. Posiblemente te hayas dado cuenta de que, si tu hijo se acuesta tarde, no le cuesta levantarse a la misma hora de siempre al día siguiente, sino que la falta de sueño se refleja en su comportamiento, apetito y humor. Y también en el tuyo. Admítelo: es el efecto dominó.

Los trastornos del sueño afectan a muchas familias. Constituyen uno de los motivos principales por los que los padres buscan ayuda y asesoramiento profesional. Muchos de los problemas que sufren algunas familias, sobre todo los de conducta, empeoran porque los niños no duermen lo suficiente e incluso pueden deberse a esa falta de sueño. Un niño cansado es un niño con la mecha corta, algo que suele derivar en un aumento de las rabietas, las peleas y otras manifestaciones de mal comportamiento, incluidos los problemas escolares. En cuanto se pone en marcha una rutina de sueño preestablecida, se resuelven muchos otros problemas como por arte de magia.

Consejo: Aprovecha el momento

Algunos padres piensan que, si el niño se acuesta un poquito más tarde, se dormirá antes porque estará agotado. Es justo al contrario. Cuando un niño está muy cansado se pone nervioso y le cuesta más dormirse. Aprovecha el instante perfecto (que suele ser antes de lo que piensas) y te resultará mucho más sencillo. Observa los signos reveladores: al niño se le cierran los ojos, se frota las orejas, se chupa el pulgar, bosteza... El lenguaje corporal lo dice todo.

¿Qué produce los trastornos del sueño?

Muchas cosas producen trastornos del sueño, pero rara vez son las que los padres suponen. A muchos padres les cuesta acostar a sus hijos, pero no quieren admitirlo: «Mi hijo no necesita dormir tanto como otros niños», «Mi hija nunca ha sido dormilona», «Mis hijos son demasiado activos para irse a la cama sin rechistar.» Esto no son razones, son excusas. Apuesto a que esos niños que no son dormilones lo serían si se les diera la oportunidad, si, por ejemplo, se los sometiera a un horario de comidas fijo y a una rutina de sueño constante.

Éstas son algunas de las razones por las que las familias sufren trastornos del sueño:

★ **CULPABILIDAD** En familias en las que ambos progenitores trabajan, a veces se interpone el sentimiento de culpa. Os pasáis el día fuera trabajando y os dais cuenta de que, como tenéis tanto trabajo, cada vez salís antes de casa y volvéis más tarde. Echáis de menos a vuestros hijos, como es lógico. Así que, al llegar a casa, resulta tentador dejar que se acuesten un poco más tarde para poder pasar más tiempo con ellos. La hora de acostarse se retrasa cada vez más. No es necesario que trabajen los dos progenitores para que esto suceda. También los niños se acuestan más tarde cuando papá no llega a casa a tiempo para la cena. Todo tiene un precio. No debes acomodar el horario de tus hijos al tuyo. Ellos necesitan dormir más que tú.

★ **CANSANCIO** El cansancio genera cansancio (además de problemas digestivos, falta de concentración, aumento del estrés y otros elementos negativos). Cuidar de tus hijos puede resultar agotador en el mejor de los casos. Si estás bajo mínimos y no has dormido bien o no has conseguido dormir lo suficiente ni has dispuesto del tiempo necesario para recargar baterías, te va a costar más lograr que tus hijos se acuesten a la hora establecida en vuestra rutina porque no vas a tener energía. Probablemente te tiente la idea de saltarte una fase o hacerlo todo de prisa y corriendo, o quizá la rutina se prolongue demasiado y se te escape el momento en que tu hijo caería rendido fácilmente. De pronto te encuentras con el problema y sin reservas para resolverlo. Y también los niños están agotados.

★ **MALOS HÁBITOS** Has dejado que tu hija se meta en tu cama un par de veces, y ahora ya no quiere dormir en la suya. Todos los padres cometen errores. Lo importante es aprender de ellos y seguir adelante. Los esquemas que no funcionan contigo y con tus hijos se pueden cambiar, aunque el cambio requiere tiempo y constancia.

★ **COMODIDAD** Lamento decirlo, pero es cierto. Cuesta poner en práctica una rutina de acostarse, por lo que algunos padres se rinden al primer obstáculo. En lugar de volver a llevar al niño a la cama, optan por la solución fácil y dejan que se quede levantado o le permiten que se meta en la cama con ellos y que se acurruque bajo las sábanas. Lo malo es que, a la larga, eso no es en absoluto lo mejor, ¿verdad?

LO QUE SEA POR UNA NOCHE TRANQUILA Responder a las rabietas y los lloros de tus hijos porque no quieren irse a dormir, dejándolos que se queden levantados, tampoco es lo mejor. Con eso les enseñas que sus rabietas funcionan, y repetirán el numerito cuando haga falta para salirse con la suya.

DEMASIADA TENSIÓN Todos los padres responden instintivamente a las necesidades de sus hijos. Si no soportas el llanto de tu bebé ni un segundo (ni siquiera esos ruiditos que hacen muchos justo antes de caer rendidos), sino que pululas nerviosamente a su alrededor o sales corriendo a cogerlo para tranquilizarlo, posiblemente le cueste aprender a dormirse solo. El bebé debe aprender a relajarse. Esos nuevos sistemas de vigilancia con cámara y monitor aumentan la ansiedad de los padres. He visto a padres pegados al monitor a todas horas: no escuchan e intentan aprender a distinguir el llanto nervioso del de dolor o los ruiditos que suele hacer un bebé; se limitan a mirar el monitor. La tecnología puede ser un obstáculo para que los padres adquieran las aptitudes que necesitan.

FALTA DE CONFIANZA Los niños que ponen a prueba la paciencia de sus padres todas las noches suelen hacerlo porque sus padres no tienen la suficiente confianza en sí mismos para imponer su autoridad y tomar las riendas de la situación. Los niños no saben por instinto lo que es mejor: hay que decírselo y enseñarles lo que deben hacer. Eres tú quien decide a qué hora se acuestan, no ellos.

DESACUERDOS DE PAREJA Mamá quiere que los niños se acuesten, pero a papá no le parece mal que se queden levantados viendo la tele por una vez. Los niños captan inmediatamente los indicios de desacuerdo. Así se empieza. Si no os ponéis de acuerdo, los niños encontrarán el modo de enfrentaros o pasarán de vosotros por completo.

INCONSTANCIA El lunes por la noche eres estricta con la hora de acostarse. El martes viene tu amiga a cenar y aflojas las normas. Una rutina de acostarse no sirve para nada si te la saltas cada dos por tres.

Podría continuar si dispones de uno o dos días libres y aún no se te cierran los ojos, pero creo que con esto es bastante. Los trastornos de sueño del niño, sobre todo los que se repiten durante semanas o meses, suelen ser culpa de los padres.

PERO

No siempre. Quizá las malas noches que te da tu hijo cuando no duerme se deban a alguna de las siguientes razones:

DOLOR O INCOMODIDAD provocados por la dentición, por ejemplo (pág. 64). Las infecciones de oído pueden resultar terriblemente dolorosas y perturbar el sueño.

INCONTINENCIA A veces el niño se despierta en cuanto se hace pis en la cama; otras veces es el frío de las sábanas, una vez evaporada la orina, lo que lo despierta.

- **ENFERMEDAD** La fiebre, el resfriado, el dolor de tripita o las típicas enfermedades infantiles pueden echar por tierra los hábitos de sueño durante un tiempo.

- **VIAJES**, sobre todo los que implican vuelos largos y cambios de zona horaria. Los niños pequeños no están preparados para hacer frente a los efectos del *jet lag*. Los trayectos largos en coche o tren también pueden perturbar los hábitos del niño: tu hijo podría dormir durante todo el viaje o no pegar ojo en absoluto, ambos casos producen trastornos de sueño.

- **CAMBIO DE CAMA** Los niños son muy posesivos y se aferran a la seguridad de su cama. Cuando vayas de viaje, llévate alguno de sus juguetes preferidos (y, si tienes sitio, su almohada y su manta) para aliviar la transición.

- **MIEDOS Y FOBIAS** Muchos niños pasan por una breve etapa de terrores nocturnos.

- **PESADILLAS**

- **TENSIONES FAMILIARES** durante períodos de estrés.

- **DESBARATAMIENTO DE LOS HORARIOS HABITUALES**, por ejemplo, cuando papá o mamá vuelven al trabajo después de la baja maternal.

- **NUEVAS FASES DE DESARROLLO** Puede que observes un período de insomnio cuando tu hijo empiece a andar, por ejemplo.

- **NUEVO HOGAR O ENTORNO** que sitúa al niño en un espacio distinto.

En la mayoría de los casos expuestos, en cuanto identifiques la causa y la trates debidamente, las aguas volverán a su cauce en un tiempo razonable. Sea cual sea la razón de los trastornos de sueño, en este capítulo podrás encontrar una serie de técnicas que ayudarán a tu familia a disfrutar de noches tranquilas.

Temas y técnicas tratados en este capítulo:

HÁBITOS DE SUEÑO que ayuden al niño a dormir toda la noche.
NORMAS DE SEGURIDAD DURANTE EL SUEÑO para evitar el riesgo de muerte súbita del niño.
RUTINA DE ACOSTARSE para que el niño se vaya a la cama relajado.
TÉCNICA DEL LLANTO CONTROLADO para conseguir que los bebés y los niños pequeños se vuelvan a dormir.
¿SIESTA O NO?
TÉCNICA DE LOS POLVOS MÁGICOS para evitar los miedos y las pesadillas.
TÉCNICA DE QUEDARSE EN LA CAMA para niños que se levantan continuamente.
CAMA COMPARTIDA, ¿sí o no?
TÉCNICA DE LAS CAMPANILLAS para alertar a los padres de los problemas nocturnos.
TÉCNICA DE LA SEPARACIÓN NOCTURNA para niños que no saben dormirse solos.
TÉCNICA DEL PIS DE LAS ONCE para evitar que el niño se haga pis en la cama.
REMOLONEOS Y MADRUGONES

Consejo: Sueño profundo

El sueño no es sólo necesario para la salud y el bienestar del niño, sino también para su crecimiento. Durante el sueño profundo (del que no se recuerda lo soñado) se segrega la hormona del crecimiento. Así que, cuando le dices a tu hijo de siete años que, si duerme mucho, se hará muy grande, no mientes. La mitad del tiempo que duerme un bebé debería dormir profundamente, algo que no puede conseguir en una incómoda sillita de paseo.

P *Espero mi primer bebé para dentro de dos meses. Mis amigas me han contado historias horribles de noches en vela. ¡Una de ellas lleva dos años sin dormir una noche entera! Yo siempre he sido muy dormilona y no sé qué voy a hacer si eso sucede. ¿Hay alguna técnica para conseguir que el bebé duerma toda la noche de un tirón o tengo que ir haciéndome a la idea de que no voy a poder descansar debidamente en un tiempo?*

R No te dejes desanimar por las cosas que te cuenten. Nadie ha dicho que tener un bebé, sobre todo si es el primero, sea tarea fácil. Sin embargo, es una de las experiencias más hermosas que se pueden vivir. Lo importante es planteárselo con optimismo. Te felicito por procurar prepararte todo lo posible antes del acontecimiento.

Las primeras semanas después del parto son una montaña rusa emocional para la mayoría de los padres primerizos. No puedo prometerte que no vayas a estar cansada los primeros días, porque lo estarás. Por eso es importante que te asegures de contar con el apoyo de tu pareja o cualquier otra persona que pueda ayudarte para que descanses lo suficiente. De ese modo podrás cuidar de tu pequeño y tener más o menos controladas las tareas domésticas. Así la transición será mucho más fácil.

Las noches en vela son el mayor temor de casi todos los padres primerizos. Lo bueno es que hay muchas cosas que puedes hacer bien desde el principio para que tu bebé adquiera buenos hábitos de sueño.

- Un recién nacido necesita dormir entre dieciséis y dieciocho horas al día. En los primeros días, éstas se reparten más o menos por igual entre la noche y el día. De los seis a los nueve meses, la cantidad de sueño que el bebé necesita desciende ligeramente (de doce a quince horas). Si consigues que el niño adquiera buenos hábitos de sueño, la mayor parte de ese descanso tiene lugar durante la noche, complementado con dos o tres siestas diurnas.

- Los bebés muy pequeños sólo pueden ingerir una cantidad determinada de leche en cada toma, por lo que se despiertan cuando tienen hambre y a veces cuando han hecho mucho pis. Además, sus ciclos de sueño son mucho más cortos que los nuestros. Una de las cosas más importantes que debes enseñarle al bebé es cómo dormirse solo, para que, cuando se despierte, pueda relajarse y volver a dormirse en cuanto haya comido y esté limpio. Los adultos también nos despertamos por las noches, pero, a diferencia de los bebés, apenas registramos esos momentos de consciencia a menos que estemos inquietos o el vecino haya organizado una fiesta.

- En las primeras etapas del desarrollo del bebé conviene que dejes la cunita en tu habitación para poder atenderlo cuando el hambre lo despierte; entre los tres y los seis meses, aproximadamente, es preferible que tenga su propia habitación (si te angustia no poder estar pendiente de cada ruidito que haga el bebé, quizá te venga bien [o no] uno de esos aparatos de vigilancia, a menos que el niño se encuentre a varios tramos de escaleras de distancia y no lo oigas llorar de todos modos).

- De las seis semanas en adelante, procura acostar al bebé antes de que se duerma. Conviene que esté amodorrado y tranquilo, pero no completamente dormido. Esto es aplicable tanto si le das el pecho como si le das biberones. La práctica te ayudará a encontrar el momento justo; persevera y tendrás tu recompensa. Si el bebé aprende a relajarse sin el consuelo de tus brazos, después le costará menos dormirse solo.

- Procura que duerma más durante la noche asegurándote de que las luces están apagadas o son muy tenues. Una luz nocturna te permite llegar hasta la cuna sin que el bebé crea que es hora de despertarse. No lo lleves a una habitación con mucha luz. Dale de comer, pero no le hables, cantes o juegues con él. Hazlo todo con discreción para evitar el contacto visual directo en la medida de lo posible; mejor míralo al puente de la nariz. Cuanta más atención le prestes por la noche (aparte de la imprescindible), más incentivo tendrá para despertarse. Genera un ambiente tranquilo y relajado.

- Tan pronto como tu hijo desarrolle su reloj biológico y haya adquirido determinados hábitos de sueño, dormirá la siesta más o menos siempre a la misma hora. Así, podrás ponerlo en el cochecito y salir a comer con una amiga, por ejemplo, sin desbaratar sus costumbres. El carrito debe estar en posición horizontal; pon la capota para que la luz no lo moleste y dale el chupete. Se dormirá a su hora de costumbre y no hará falta que vuelvas a casa para meterlo en la cuna.

- Resulta tentador dejar que tu hijo duerma todo el día, así tienes tiempo para descansar o encargarte de las tareas domésticas. Pero también podrás hacerlo si estableces una rutina. Los bebés necesitan sus siestas, pero también tienen que aprender a diferenciar el día y la noche. Si la siesta de tu hijo se convierte en una sesión maratoniana (más de tres horas, por ejemplo), despiértalo. El niño necesita estimulación mental durante el día, no por la noche. También es importante tener en cuenta que si el niño duerme más durante el día, es posible que esté malito. Si sospechas que le pasa algo, llévalo al pediatra.

- Usa pañales superabsorbentes por la noche para no tener que cambiar al bebé innecesariamente (y despertarlo de paso). Si se ha hecho caca y está incómodo o ha hecho mucho pis, como es lógico, debes cambiarlo, pero tampoco es necesario que lo hagas cada vez que se despierte.

- Ayúdalo a relajarse por las noches estableciendo una rutina de acostarse tan pronto como puedas. Báñalo (el agua calentita es un relajante natural), achúchalo y dale de comer. Los masajes para bebés y la aromaterapia también van muy bien. Respeta los horarios y procura ser constante.

- Asegúrate de que en la habitación del bebé no hace demasiado calor. Una temperatura más fresca por las noches favorece el sueño. Ponle un pijamita y tápalo con varias capas de ropa de cama, de modo que puedas retirar la colcha, por ejemplo, si tiene calor.

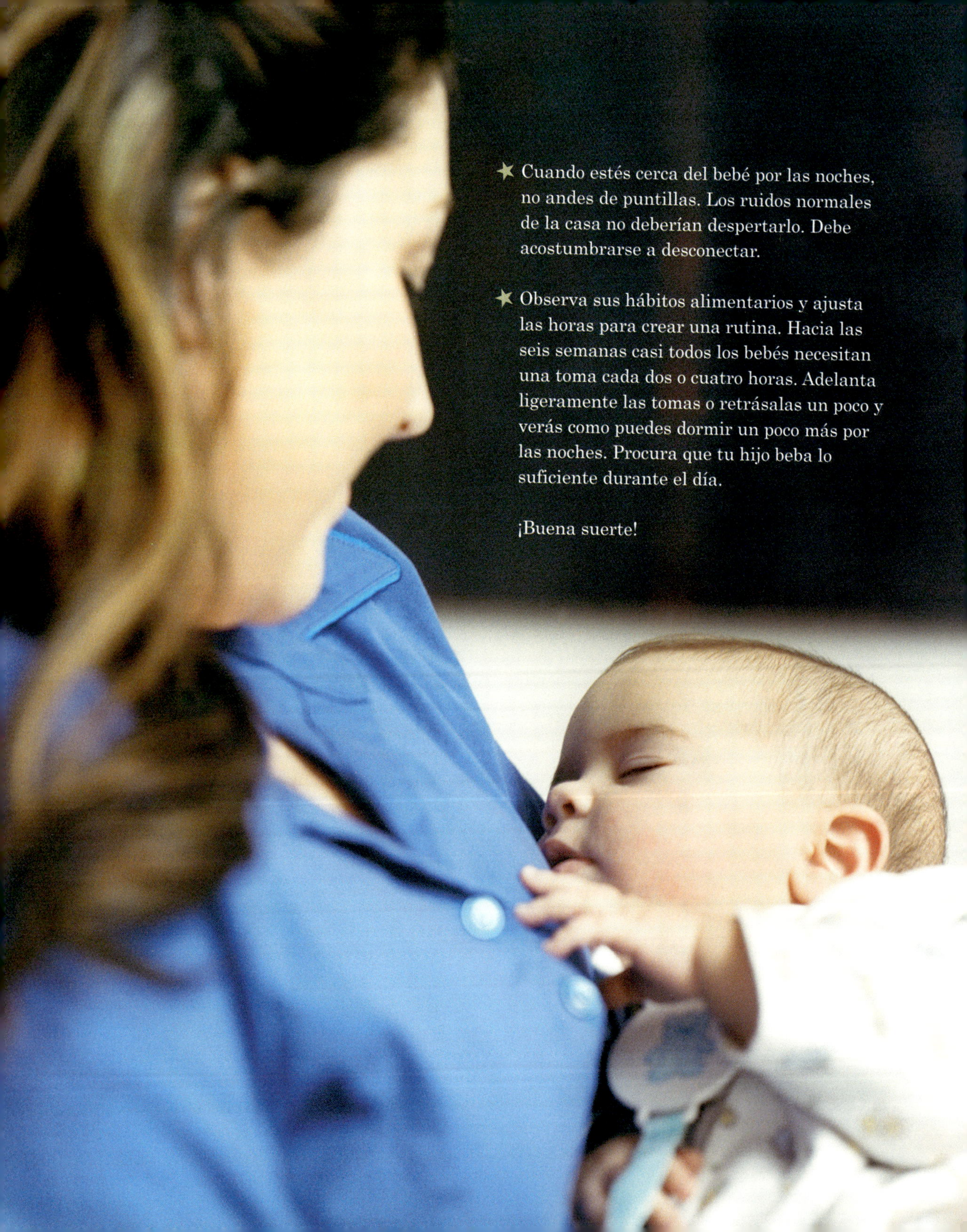

- Cuando estés cerca del bebé por las noches, no andes de puntillas. Los ruidos normales de la casa no deberían despertarlo. Debe acostumbrarse a desconectar.

- Observa sus hábitos alimentarios y ajusta las horas para crear una rutina. Hacia las seis semanas casi todos los bebés necesitan una toma cada dos o cuatro horas. Adelanta ligeramente las tomas o retrásalas un poco y verás como puedes dormir un poco más por las noches. Procura que tu hijo beba lo suficiente durante el día.

¡Buena suerte!

P *¿Cuál es la forma más segura de acostar a un bebé? He oído decir que hay que ponerlos siempre boca arriba. Espero el tercero para el mes que viene, pero a los otros dos siempre los acostaba boca abajo y nunca les pasó nada.*

R Lo más seguro para el bebé es que duerma boca arriba. Durante los seis primeros meses siempre hay que acostarlos así; después, ya sabrá darse la vuelta y, aunque lo acuestes boca arriba, probablemente cambiará de posición durante la noche.

A algunos bebés les gusta enroscarse en las sábanas. En ese caso, puedes ponerle al costado una mantita enrollada en forma de tubo para evitar que se ponga boca abajo.

Se ha investigado mucho la postura más segura para el bebé durante el sueño. Casi todos los expertos coinciden en que los bebés que duermen boca abajo corren mayor riesgo de muerte súbita. En muchos países, como Reino Unido, Estados Unidos, Francia, Noruega, Suecia, Australia y Nueva Zelanda, la muerte súbita es la principal causa de defunción en bebés de entre un mes y un año. Con los últimos estudios realizados se ha determinado una serie de normas básicas para reducir notablemente este riesgo.

Normas para un descanso seguro (según la Fundación para el Estudio de la Muerte Infantil):

- **ACUESTA SIEMPRE AL BEBÉ BOCA ARRIBA** El bebé puede asfixiarse o acalorarse en exceso si está boca abajo.
- **NO LE PONGAS ALMOHADA EN LA CAMA**, al menos hasta que el niño tenga un año.
- **HAZ SIEMPRE LA CAMA EN LA BASE DE LA CUNA** para que el bebé no pueda reptar y quedar oculto bajo la ropa de cama.
- **USA SIEMPRE SÁBANAS BAJERAS AJUSTABLES** Muchos expertos recomiendan que se evite tapar a los niños con mantas hasta que cumplan el año. Si quieres tapar al bebé, busca una mantita ligera, no se la subas más arriba del pecho y remétela con cuidado. Si no, ponle un pijama manta.
- **MANTÉN LA HABITACIÓN RELATIVAMENTE FRESCA** El calor excesivo aumenta el peligro. Pero tampoco dejes que el bebé se quede frío.
- **USA UN COLCHÓN FIRME.** No uses colchones de segunda mano sin saber de dónde vienen.
- **NO FUMES CERCA DEL NIÑO** Los padres fumadores exponen a sus hijos a un grave riesgo. ¡Dejadlo ya!
- **SI HAS ESTADO BEBIENDO, FUMANDO O TOMANDO DROGAS**, no compartas la cama con el bebé. Estos son más propensos a sufrir un aumento excesivo de la temperatura en camas de adultos.

P *En casa, la hora de acostarse es una auténtica pesadilla. Tardamos unas tres horas en conseguir que nuestros tres hijos se acuesten; para entonces estoy agotada y al borde de un ataque de nervios. Tenemos dos chicos de siete y cinco años y una niña de dos y medio. Procuro acostar a la niña primero, mientras los chicos juegan y ven la tele con su padre, pero para cuando la dejo en la cuna, los otros dos ya han empezado a pelearse (riñen mucho). Lo siguiente es que la niña se despierta y empieza a llorar para que la coja. Hace unos días consiguió salirse de la cuna. Darren, el mayor de los niños, rara vez se acuesta antes de las diez. Algunas noches a mi marido y a mi ni siquiera nos queda tiempo libre. Le tengo pánico a ese momento del día.*

R No me extraña. La falta de sueño se ha convertido en vuestro nuevo compañero inseparable. Toda la familia sufre las consecuencias.

Me da la impresión de que te esfuerzas por controlar el caos sin llegar a tomar las riendas de la situación. A mi juicio está claro que tu pareja y tú debéis elaborar conjuntamente una rutina de acostarse decente para vuestros tres hijos. Tenéis que invertir tiempo y esfuerzo en generar un ambiente de tranquilidad previo a la hora de dormir. Aunque sólo tuvierais un hijo, deberíais turnaros para acostarlo siempre que fuera posible; con tres, es mucho más importante aún repartir la carga. Debéis aunar fuerzas y trabajar en equipo.

Los tres niños se acuestan demasiado tarde. Las diez de la noche es tardísimo para que se vaya a la cama un niño de siete años: aún necesita entre diez y doce horas de sueño por la noche. Además, ahora que la peque ha aprendido a salirse de la cuna, vais a tener que establecer unos límites, o la cosa irá de mal en peor inmediatamente.

Lo que necesitas es una **rutina de acostarse** firme con una doble finalidad: primero, que los niños se relajen en un ambiente tranquilo y adopten la actitud adecuada para irse a dormir; segundo, establecer unos límites que puedas aplicar para evitar que los niños se acuesten cada vez más tarde y vuestra noche desaparezca por completo. Pocos niños levantan la mano para pedir que se los acueste. Son los padres quienes deben marcar la pauta.

- Antes de nada, marca una hora de acostarse para cada niño. Yo sugeriría las ocho para los pequeños y las nueve para el mayor. Los niños pequeños necesitan dormir aún más que nosotros. Si adelantas la hora de acostarse en lugar de retrasarla, te llevarás gratas sorpresas.

- La rutina de acostarse completa de cada uno de los niños debe llevarte entre media hora y una hora, desde que lleves al niño al baño hasta que le digas buenas noches. No les metas prisa o se sentirán decepcionados, sobre todo si haces mutis por el foro, pero tampoco lo prolongues demasiado.

- Cuando se acerque la hora de acostarse, procura que reine la calma, es decir, nada de juegos escandalosos, ni competiciones, ni peleas. Está bien que los mayores vean la tele un ratito, pero no permitas que se enganchen a un programa que termine después de su hora de acostarse, porque intentarán convencerte para que los dejes un poco más. Tampoco les permitas que vean algo que los ponga nerviosos.

- Informa a tus hijos de la llegada de cada fase de la rutina: «Toca bañarse dentro de diez minutos», «Hay que salir del baño en tres minutos», «Dentro de dos minutos vamos a leer un cuento.» Es casi como una retransmisión. Los niños pequeños no saben de horas ni tienen idea de cuánto dura una. Si les dices lo que viene después, les ayudas a prepararse para la siguiente fase. Son típicas frases como: «¡Venga, venga! ¡Date prisa y ponte el pijama!» No me extraña que los pobres niños tengan la sensación de que los llevan de aquí para allá y se nieguen a cooperar.

- Me parece que tus hijos usan las peleas como táctica evasiva. Además, se acuestan tan tarde que tienen que estar agotados. En ese momento de la noche, no les vendría mal un poco de atención individualizada. Una forma de proporcionársela es separarlos a la hora de acostarse. Puedes pedirle al de cuatro que te ayude a bañar a la niña, por ejemplo. Así se sentirá responsable, como si fuera un niño mayor. Elógialo por ayudarte. «¿Me acercas la toalla, por favor? ¡Muy bien!» De este modo, no podrá pelearse con su hermano. Al mismo tiempo, tu marido puede pasar un rato con el mayor.

- Cuando la niña ya esté bañada, le hayas lavado los dientes y le hayas puesto el pijama, estate un rato con ella y léele un cuento. Mientras, los otros dos pueden bañarse.

- Una vez que la peque esté tranquila, tu marido puede acostar al de cuatro y leerle un cuento mientras tú pasas un rato con el mayor.

- Procurad variar la rutina para que otras noches sea tu marido el que acueste a la niña y tú la que se encargue de los chicos. Además de aliviar la tensión de las últimas horas del día, esto hará posible que los tres niños disfruten de la atención individualizada de sus padres. El mal comportamiento a la hora de acostarse es una forma de llamar la atención.

Consejo: ¡Luces fuera!
No dejes encendida ninguna luz intensa (¡ni velas!) en la habitación de tus hijos. Si el niño dice que no le gusta la oscuridad, usa un punto de luz nocturno, una lamparita de muy poca potencia, un móvil que proyecte luces y formas, o deja la puerta entreabierta. Si el niño ve mucha luz, no conseguirá dormirse. La oscuridad provoca la secreción de la hormona del sueño, la melatonina.

P *Mi hija tiene nueve meses y nunca ha dormido toda la noche. Cuando le daba el pecho, solía despertarse un par de veces para las tomas, pero ahora que ya no mama y come sólidos se despierta aún más a menudo y le cuesta muchísimo volver a dormirse. ¿Es por hambre? ¿Debería darle un biberón cuando se despierta a medianoche?*

R No te lo aconsejo por dos razones. Si se llena de leche durante la noche, seguramente no tenga apetito de sólidos por el día, con lo que no ingerirá los nutrientes que precisa a su edad. Y lo que es más importante: si le ofreces leche por la noche, empezará a asociar el biberón con el adormecimiento y jamás aprenderá a dormirse sola. Además, dejar a un bebé solo en la cama con un biberón es peligroso: podría atragantarse.

Dudo mucho que tu bebé pase hambre. No es inusual que los bebés coman menos cuando rondan el año: parece que pierden un poco el apetito. Si la ves activa y contenta, lo más seguro es que esté bien alimentada.

En otras palabras, no creo que tu problema sea de alimentación, sino de sueño.

He observado que hacia los nueve meses los bebés que hasta entonces dormían de un tirón toda la noche de pronto vuelven a despertarse. Lo mismo sucede al cumplir el primer año, en torno a los trece o catorce meses, y otra vez hacia los dieciocho o veinte meses. Por alguna razón, estos períodos parecen coincidir con épocas en que los bebés son menos dependientes durante el día. Si tu bebé se despierta ahora, pero solía dormir toda la noche antes, yo te aconsejaría que mantengas la rutina, y esta etapa pasará. Pero si nunca ha dormido toda la noche de un tirón, vas a tener que probar algo distinto.

No mencionas lo que haces cuando la niña se despierta. Si vas disparada a tranquilizarla en cuanto empieza a llorar, probablemente estés empeorando las cosas. Cuando llora, consigue que le hagas caso. ¡Es lo que quiere! No tardará en descubrir que si vuelve a llorar, mamá irá corriendo a su lado. El bebé siempre agradece cualquier forma de atención: que lo tranquilices, lo cojas en brazos o lo mezas. Muy pronto te verás al volante, con la niña bien sujeta en su asiento, dando vueltas a la manzana en plena noche hasta lograr que caiga rendida. No es que el bebé te manipule, ella se limita a seguir una pauta que tú misma la has ayudado a crear. Los bebés que nunca han aprendido a relajarse y dormirse solos, especialmente los que se acostumbran a quedarse dormidos mientras maman o toman el biberón, son particularmente propensos a despertarse y llorar por las noches.

Nueve meses de noches en vela agotan a cualquiera. Me sorprende que hayas aguantado tanto. Es hora de que tu hija vaya aprendiendo a tranquilizarse sola. A muchos padres les cuesta dar este paso, razón por la que algunos terminan años después en centros especializados en trastornos del sueño con niños de cuatro y cinco años que aún no han conseguido dormir toda la noche de un tirón.

Siempre que el despertar constante tenga consecuencias negativas y el bebé ya haya pasado la fase del destete, recomiendo la **técnica del llanto controlado**. Me ha funcionado estupendamente en todos los casos, y con ella se consigue romper rápidamente la pauta de insomnio en bebés.

Sin embargo, antes de poner en práctica este método, conviene descartar todas las posibles razones del llanto nocturno del bebé. Repasa la siguiente lista:

- **¿SE HA HECHO MUCHO PIS?**

- **¿SE HA ACOSTUMBRADO YA A COMER SÓLIDOS?** Para poder usar este método, es importante que el bebé ya coma sólidos, de modo que estés segura de que no pasa hambre.

- **¿SIGUE UNA RUTINA ESTABLECIDA?** Se necesita un esquema de partida.

- **¿LE ESTÁN SALIENDO LOS DIENTES?** Los principales síntomas son la falta repentina de apetito, las cacas de olor más intenso y el enrojecimiento de las mejillas. No pruebes este método hasta que le haya brotado el diente.

- **¿EL BEBÉ ESTÁ MALITO?** ¿Lo notas quejumbroso o «ausente»? Déjate llevar por el instinto materno si sospechas que algo no va bien. Ese instinto está ahí por algo.

- **¿LO LLEVAS MEDIANAMENTE BIEN?**, a pesar de no poder dormir por las noches, claro está. Si sufres una depresión posparto o te estás medicando, no es aconsejable que pruebes esta técnica.

- **¿EL BEBÉ DEJA DE LLORAR CUANDO LO COGES EN BRAZOS?** Si es así, no te quepa ninguna duda de que llora para que le hagas caso. Cuando el niño está malito o le duele algo, no para de llorar aunque lo cojas, salvo que se trate de un bebé que se haya provocado de tal modo ese estado que no pueda dejar de llorar inmediatamente.

CÓMO FUNCIONA LA TÉCNICA

Todos los padres, sobre todo las madres, responden instintivamente al llanto de sus hijos. Con esta técnica, tendrás que armarte de valor para ignorar ese llanto durante períodos de tiempo limitados, algo que puede resultar duro y agotador. Vas a necesitar mucho apoyo para superar los sentimientos negativos que experimentarás, como pánico o pérdida de control. No obstante, conviene que recuerdes que este método no es sinónimo de «dejar llorar al niño» o «dejar que el bebé se desgañite». Si tu hijo llora día y noche y no recibe atención alguna, estarás cayendo en el abandono y la negligencia. La clave está en el término «controlado». Cada vez que tu hijo llore, lo tranquilizas con tu presencia, pero duplicas la duración de los intervalos entre respuestas, de modo que el bebé deje de llorar para que le hagas caso y entienda que es hora de dormir. Durante el día, estarás ahí constantemente para ofrecerle toda la atención y todo el afecto que necesite.

¿Cómo sabrás si el bebé llora para que le hagas caso o porque le pasa algo? Debes aprender a distinguir los distintos tipos de llanto y conocer a tu pequeño. Cuando el llanto es inusual, precisa una respuesta inmediata: jamás ignores a tu hijo si llora así, y averigua en seguida la causa.

El llanto de un bebé que busca atención o consuelo presenta un patrón distinto. Normalmente empieza con una especie de gimoteo, seguido de un lloriqueo repentino que se convierte en llanto mientras el niño espera respuesta. Llanto, pausa, llanto, pausa: es una especie de vaivén que va creciendo hacia el clímax. Suena casi como el arranque del motor cuando se pone en marcha un coche. Este llanto va cargado de enfado y determinación. Una vez hayas aprendido a distinguir este tipo de llanto, ya puedes poner en práctica la técnica:

- Cuando el bebé se despierte llorando por la noche, escucha su llanto. Si tienes la convicción de que busca atención o consuelo, espera un momento. Procura mantener la calma.

- Cuando lleve un ratito llorando, acércate a su cuna. Cógelo en brazos. Tranquilízalo con un ronroneo (no le hables) y frótale la espalda suavemente un poquito. No establezcas contacto visual con el bebé, porque se despertaría del todo. Mantén las luces apagadas. Lo que pretendes es demostrarle que sigues ahí, que no te has ido, pero que es de noche. No esperes a que vuelva a dormirse profundamente. Cuando se haya calmado, sal de la habitación.

- Los «vigilabebés» no sustituyen tu presencia ni sirven para confirmar tus sospechas.

- La próxima vez que el bebé llore, repite las mimas fases, pero espera el doble antes de acudir en su auxilio. Si la primera vez esperas dos minutos, la segunda tendrás que esperar cuatro. Da igual que se ponga a llorar en cuanto salgas de la habitación o tarde una hora en volver a hacerlo. Lo que se pretende es romper la pauta.

- Continúa duplicando la espera cada vez que el bebé se despierte. Te costará mucho al principio, y sé de madres que terminaban llorando desconsoladamente ante la presión, pero tienes que mantenerte firme.

- Verás que tu hijo se despierta la mitad de veces la noche siguiente, y en una semana tendrás la situación bajo control.

MUY IMPORTANTE

Sé constante. El llanto de un bebé siempre es doloroso para sus padres. Procura no poner en práctica este método sola si es posible. Busca la colaboración de tu pareja, de un familiar o de un amigo. Recuerda que no estás abandonando a tu hijo: le estás enseñando a dormirse solo.

Consejo: Destete

Si sigues dándole el pecho o el biberón al bebé cuando ya haya empezado a tomar tres comidas de sólidos al día, suprime las tomas nocturnas o se despertará en busca del consuelo de la succión. Ante todo dale de comer durante el día, a primera hora de la mañana y a última de la noche, pero si se despierta por la noche, no le ofrezcas ni el pecho ni un biberón.

P *¿Dormirá mejor mi inquieto pequeño si lo tengo despierto todo el día? Tiene dieciocho meses y duerme una siesta breve por la mañana y otra más larga por la tarde.*

R Tu hijo no dormirá mejor de noche porque lo mantengas despierto todo el día. Seguramente suceda lo contrario. Cuando llegue su hora habitual de acostarse, estará tan agotado que le costará dormirse profundamente. Los niños que no duermen bien por la noche suelen despertarse más temprano. Es un círculo vicioso, no cabe duda.

A los dieciocho meses, tu hijo aún necesita dormir mucho: una media de trece horas, si bien esta media varía en una o dos horas con cada niño. Al cumplir el año y medio, más o menos, todos los niños empiezan a prescindir de la siesta matinal. Si sólo duerme un ratito por las mañanas, tu hijo está preparado para ese cambio, pero seguirá necesitando la siesta vespertina para funcionar bien. Casi ningún niño prescinde de ella antes de los tres años. Incluso entonces el niño podría dormirse en la sillita o en su asiento del coche si ha tenido una mañana o una tarde agitadas.

Ante todo mantén a tu hijo despierto por las mañanas. Está en una edad en que necesita la estimulación de actividades diversas: puedes llevarlo a una ludoteca, por ejemplo. Adelántale la hora de la comida para que pueda dormir la siesta antes, hacia la una de la tarde. De este modo, no correrás el riesgo de que se canse demasiado.

No mencionas el tipo de problemas que tienes con él por las noches. Si no se despega de ti, prueba la *técnica de la separación nocturna* (pág. 102). Si llora y te reclama, prueba la *técnica del llanto controlado* (pág. 90). Si ni siquiera accede a irse a la cama, quizá tengas que revisar su rutina de acostarse (pág. 88).

G de Generosidad.

La paternidad generosa es fundamental.

P *Mi hija de cinco años y medio tiene miedo a la oscuridad. Hemos probado a dejarle la puerta de su habitación abierta para que vea la luz del pasillo, y le hemos puesto un punto de luz nocturno en su cuarto, pero no sirve de nada. Dice que hay monstruos debajo de su cama que la están esperando. No nos cansamos de decirle que los monstruos no existen, pero sigue aterrada. Lo peor es que, si necesita hacer pis, no quiere ir al baño porque está convencida de que los tiene debajo de la cama, con lo que se lo hace encima casi todas las noches. ¿Se trata de una fase o jamás volveremos a disfrutar de una noche tranquila?*

R Me alegra que hayas visto la relación entre la incontinencia de tu hija y su temor a los monstruos. Si a un niño de esta edad le preocupa algo, puede volver a hacerse pis en la cama aunque llevara mucho tiempo sin hacerlo.

Para empezar, te pediría que pensaras si en la casa hay algún tipo de angustia o tensión que la niña haya podido captar. Los niños pequeños en seguida se dan cuenta de que algo no va del todo bien. Quizá no entienda lo que sucede, pero los «monstruos» podrían ser su forma de expresar sus sentimientos. O tal vez tenga pesadillas. ¿Consigue dormirse y después se despierta sobresaltada? ¿O lo de los monstruos es su forma de llamar la atención? En cualquier caso, si acudes inmediatamente a tranquilizarla aprenderá a utilizar esa artimaña para que le hagas caso y no te librarás de los monstruos en un tiempo.

Lo que debes hacer es romper la pauta. Tú y yo sabemos que no hay monstruos horribles bajo la cama y que el coco no está escondido en el armario, pero tu hija no lo sabe y no cambiará de opinión porque tú se lo digas. Es preferible que te metas en su mundo.

Prueba la **técnica de los polvos mágicos**. En *Supernanny*, la usamos para hacer desaparecer los monstruos del cuarto de una niña que era más o menos de la edad de la tuya. A Jasmine le costaba muchísimo irse a la cama, y una de las razones era su miedo a los monstruos. La solución fue crear un ambiente en el que se sintiera segura.

Para ello, necesitas lo siguiente:

- Un frasco de polvos mágicos (purpurina).
- Un cuento de hadas u otra clase de cuento para dormir.
- Una varita mágica.
- Un progenitor superhéroe cargado de energía.

Ésta es una técnica perfecta para los papás. Los más pequeños, sobre todo las niñas, ven a sus papás como protectores. Pero si no podemos contar con papá, no pasa nada: ¡las mamás también pueden ser superheroínas!

Lo que hay que hacer básicamente es pedir ayuda a unas hadas buenas que casualmente se dedican a ahuyentar a los monstruos. Tienes que sonar creíble y hablar como si realmente conocieras a esas hadas invisibles. No te preocupes por que el miedo de tu hija a los monstruos pueda aumentar. Lo que haces es tomar la historia de tu hija, darle alguna vuelta y ponerle un final feliz. Le encantará que hayas entrado en su mundo, que te hayas tomado en serio sus temores y hayas validado sus sentimientos. Este método también vale para las pesadillas.

- Dile a tu hija: «Esta noche nos vamos a deshacer de esos monstruos, y nos van a ayudar unas hadas buenas.»
- Dale a la niña el cuento de hadas cuando se vaya a la cama y léeselo. Esto le producirá una sensación de seguridad y hará que se sienta protegida.
- Después, tendrás que interpretar tu papel. Agita la varita mágica y di: «¡Monstruos, monstruos, largaos!» Que lo diga ella también.
- Sopla la purpurina por la habitación. «¡Mira, las hadas han echado polvos mágicos para ayudarnos!». Hazlo lo mejor que puedas. Invierte toda tu energía en resultar convincente.
- Persigue a los monstruos por toda la casa y consigue que salgan por la puerta principal.

En el caso de Jasmine, este método obró maravillas y le permitió pasar la primera noche sin hacerse pis en tres años. Su padre, Sunni, lo hizo genial.

Conviene que la combines con la *técnica del pis de las once* (pág. 104) por si la incontinencia de tu hija se debe a alguna otra cosa o se ha convertido en un mal hábito. También conviene tener un orinal en su cuarto, sobre todo si el baño está lejos (hay niños que prefieren hacer el esfuerzo de ir al baño antes que volver a usar un orinal).

P *Mi hijo de siete años no quiere quedarse en la cama. Cada vez que lo acostamos tarda tan sólo unos minutos en volver a levantarse. Hemos intentado explicarle que tiene que dormir, pero no nos hace caso. Últimamente la situación ha empeorado tanto que nos hemos rendido y esperamos a que se quede dormido en el sofá. Creo que parte del problema es que su hermana, que tiene doce años, se acuesta más tarde, y él no quiere quedarse al margen. De todas formas, nunca ha dormido muy bien.*

R Lo de esperar a que vuestro hijo caiga rendido en el sofá se tiene que acabar. Para empezar, debe irse a la cama cuando se lo digáis. Además, la situación que se genera no es justa para nadie. No es justa para vuestra hija, que merece un poco de tiempo con vosotros y es suficientemente mayor para acostarse más tarde. Tampoco es justa para vosotros como padres: necesitáis estar solos. Sobre todo no es justa para vuestro hijo, que no duerme lo suficiente.

Debéis resolver este problema de dos formas. La primera es poner en práctica una buena rutina de acostarse si no lo habéis hecho ya. Dices que el niño nunca ha dormido bien. A algunos niños les cuesta dormirse más que a otros, pero a su edad necesita descansar mucho más de lo que, por lo visto, descansa y tiene que aprender a quedarse dormido en su propia cama. Podéis ayudarlo a relajarse al final del día con una rutina preestablecida (pág. 88).

Usa ese tiempo para dedicarle una atención individualizada; haz que sea especial para él. Así no le dará la impresión de que se está perdiendo algo. No lo sobreestimules ni lo pongas nervioso; léele, habla con él, cántale canciones, achuchaos, cualquier cosa que os una a los dos. Es un buen momento para charlar de lo que ha pasado durante el día y de lo que hay previsto para el día siguiente. Turnaos para que el niño tenga momentos especiales con mamá y con papá: una noche lo acuesta mamá y a la siguiente papá.

Después de acostarlo, usa la **técnica de quedarse en la cama** para que no se mueva de donde debe estar. He utilizado esta técnica en incontables ocasiones y siempre funciona si la sigues hasta el final, incluso en los casos más difíciles en que los niños no sólo se levantan de la cama, sino que además gritan y montan rabietas por toda la casa.

CÓMO FUNCIONA LA TÉCNICA

Suelo recomendar que sea el padre que ha acostado al niño el que se encargue de devolverlo a la cama cuando se levante. De esta forma el niño aprende que no le sirve enfrentar a sus padres. Sin embargo, si se levanta constantemente, no hay razón para que tu pareja y tú no lo atendáis por turnos, siempre que los dos seáis fuertes. Lo que no debes hacer es llamar a tu pareja para que te ayude si ves que no puedes con él. Debéis esforzaros los dos por conseguirlo y aprender a manteneros firmes.

- En cuanto el niño se levante de la cama, vuelve a acostarlo y dile: «Es hora de dormir, cariño.»
- La próxima vez que se levante de la cama, vuelve a acostarlo y dile: «Hora de dormir».
- La tercera vez que se levante, vuelve a acostarlo y no le digas nada. No te comuniques con él en absoluto y evita el contacto visual en la medida de lo posible.
- A partir de entonces, cada vez que se levante, vuelve a acostarlo directamente sin decirle nada.
- Lo importante es mantenerse firme. Terminará por funcionar. Tarde o temprano, el niño dejará de intentarlo al ver que no sirve para nada. Quizá la primera noche hagas veinte viajes a su habitación. Algunos padres me han contado que las dos primeras noches tardaron dos horas en conseguir que sus hijos no se movieran de la cama, pero que el esfuerzo ha merecido la pena, porque vieron una mejora patente en cuestión de días. Cuando vayas camino de la habitación de tu hijo por enésima vez, recuerda esto y piensa en lo bien que te vendrá tanto ejercicio. Mucho mejor que una clase de aeróbic avanzado.

MUY IMPORTANTE

A veces a los padres les cuesta un poco pillarle el tranquillo a esta técnica, sobre todo si el niño lloriquea y suplica, o chilla y patalea cuando lo vuelven a llevar a la cama. Aunque no haga esas cosas, puede que diga que tiene sed o hambre o que ponga cien mil excusas distintas para salir de la cama.

Supongamos que es la sexta vez que lo acuestas. Empiezas a hartarte y a perder la fe en la técnica. De pronto el niño te suelta: «Estoy malito.» ¿Qué haces?

Muy a menudo, los padres no pueden evitar responder: «¿Cómo que estás malito? ¿Qué te pasa? ¿Tienes fiebre?» «Me duele la tripita», responde el niño. «Pues hace un minuto estabas perfectamente», le replicas. «Vuelve a la cama», e intentas arrastrarlo a su habitación. «¡NO QUIERO IR A LA CAMA!», grita tu hijo con todas sus fuerzas.

Y así, sin darte cuenta, has perdido el control.

Sé que es difícil, sobre todo si el niño intenta ablandarte con sus lloriqueos, pero no le sigas el juego. No olvides que la segunda vez sólo tienes que decir: «Hora de dormir». Después de eso, no digas nada.

Si te dice que tiene que ir al baño o que está malito, respóndele sin comunicarte con él. Llévalo al baño sin hablarle y vuelve a meterlo en la cama cuando haya terminado. Tócale la frente o ponle el termómetro para ver si tiene fiebre y si realmente no se encuentra bien. Usa el lenguaje corporal para dejar clara tu determinación de llevar la técnica hasta el final.

Con *Supernanny*, una vez visitamos a una familia cuyo hijo pequeño, Nathaniel, usaba la diabetes como carta blanca para librarse de la cárcel. «Me ha dado "una hipo"», decía para justificar su vigilia. La «hipo» es una crisis hipoglucémica, un descenso importante del nivel de glucosa en sangre, que puede provocar desmayos o pérdida de consciencia. Se trata de una urgencia diabética. Cuando la madre de Nathaniel empezó a usar la *técnica de quedarse en la cama*, le costaba mucho ignorar semejante llamada de auxilio, pero supo ponerse a la altura de las circunstancias. La siguiente vez que Nathaniel proclamó que sufría una crisis hipoglucémica, su madre, en lugar de seguirle el juego, cogió el kit de análisis sanguíneos, le pinchó el dedo, esperó el resultado y, al ver que era normal, salió de la habitación del niño. Sin decir una palabra. Fue sensata y valiente: le demostró a su hijo que no pasaba por alto su delicada enfermedad, pero que no le permitiría usarla para manipular la situación.

H de Humor.

Descubre el lado positivo de las cosas.

P *¿No se evitan casi todos los problemas de sueño dejando que los niños duerman en la cama de sus padres? Les he dado el pecho a mis dos hijos en mi cama y han dormido conmigo en ella. Siempre me ha parecido una forma estupenda y natural de proximidad. Nuestro hijo de cuatro años aún pasa algunas noches a la semana en nuestra cama.*

R Si así os va bien y no tenéis problemas, genial.

Sin embargo, a la mayoría de los padres que tienen que dormir con sus hijos noche tras noche vuestro método les parecerá una forma de eludir un problema de sueño. Posiblemente no quieran que sus hijos les invadan la cama en absoluto. De modo que la respuesta a tu pregunta es no: los problemas de sueño no se «evitan» así. Hay que tomar las riendas de la situación y hacer frente al problema, no evitarlo.

Los niños terminan en la cama de sus padres por razones muy diversas: pesadillas, angustia de la separación, inmadurez emocional o simplemente búsqueda de atención. Se pueden usar varias técnicas para resolver el problema, como la *técnica de la separación nocturna* (pág. 102) o la *técnica de quedarse en la cama* (pág. 96). Lo que no encontrarás en este libro es una «técnica de mete al niño en tu cama».

Es muy importante que el niño aprenda a dormirse solo, sin la ayuda de sus padres. Al compartir cama, esto no sucede, y al niño le cuesta más separarse de sus padres que a uno al que se le ha enseñado a dormirse solo. Si, desde su primer segundo de vida, tu pequeño siempre ha dormido a tu lado, cuando decidas que quieres recuperar tu cama, el niño no dispondrá de los recursos necesarios para facilitar la transición. Claro que se puede hacer, y algunos niños lo consiguen solos, pero hay muchas otras formas de acercarte a tus hijos sin necesidad de meterlos en tu cama.

Hasta los defensores de la cama familiar admiten que, a partir de los dos o tres años el niño debe dormir solo. Sé por experiencia que la cama compartida puede durar mucho más que eso, y para entonces habrá empezado a repercutir en vuestra vida de pareja. La intimidad es importante para los padres. Necesitáis tiempo y espacio para alimentar vuestra relación. Como he dicho en otras ocasiones, no se trata sólo de disfrutar de una vida sexual sana, aunque eso también es importante. Las parejas necesitan tiempo para estar solas y desarrollar su relación. Los padres que están con sus hijos a todas horas no tienen oportunidad de hacer eso, y lo que empezó como una unión amorosa puede perfectamente viciarse.

Los riesgos sanitarios de compartir la cama con tus hijos son mínimos. Sin embargo, puede haber peligro si fumas habitualmente (mayor riesgo de muerte súbita), si has bebido, si sufres sobrepeso o agotamiento físico. Además, salvo que tu cama sea inmensa, tampoco podrás dormir a pierna suelta. Ya resulta difícil adaptarse a los hábitos de sueño de la pareja (ronquidos, acaparamiento de las sábanas, vueltas continuas); si en la cama hay más de dos personas, alguien lo va a pasar mal.

P Tengo dos niñas pequeñas, de seis y tres años. No les cuesta mucho acostarse, pero sí quedarse en la cama. Casi todas las mañanas, cuando me despierto, me las encuentro en mi cama sin saber cómo ni cuándo se han metido en ella. Mi marido viaja mucho por trabajo y, cuando está fuera, no me importa que duerman en mi cama, pero esta costumbre está empezando a ser un problema cuando él está en casa. ¿Cómo voy a llevarlas a su cama si ni siquiera me entero de que se instalan en la mía? ¿Nos compramos una cama más grande?

R Una cama más grande NO es la solución. El tiempo que paséis juntos como pareja es demasiado valioso de por sí, más aún teniendo en cuenta que tu marido viaja tanto. Necesitáis estar juntos todo lo posible para mantener viva vuestra relación, y eso incluye los momentos que pasáis en la cama, sin niños, no sólo por vuestra vida sexual, que también es fundamental. Los matrimonios y las parejas adultas precisan intimidad para desarrollarse y crecer.

Lo tuyo es un doble juego: no te importa que las niñas se metan en tu cama cuando tu marido está de viaje, pero las echas en cuanto vuelve. También he visto este patrón en padres solteros: mientras no hay pareja, los niños son bienvenidos en la cama de su progenitor, pero en cuanto éste inicia una nueva relación la cosa cambia. Los niños se sienten confundidos y celosos, y la nueva pareja se pregunta dónde se ha metido.

Tus hijas necesitan una rutina adecuada que satisfaga sus necesidades, no las tuyas. Deben ser capaces de dormirse en su propia cama y hacer suyas sus habitaciones, de modo que se sientan cómodas en su propio espacio. Por otra parte, conviene que tú hagas frente a los sentimientos que te provoca la ausencia de tu pareja y aprendas a dormir sin compañía. ¿Dejas que las niñas se metan en tu cama para resolver sus problemas de sueño o los tuyos?

Cuando uno de los progenitores se encarga de los niños durante largos períodos de tiempo, puede resultar tentador aflojar las riendas y dejar que los niños hagan cosas que no harían si el otro progenitor estuviera en casa para ayudar a hacer cumplir las normas. Esto confunde a los niños, que piensan: «¿Nos podemos meter en la cama de papá y mamá, o no?» O quizá busquen el modo de enfrentaros. Si tu pareja pasa mucho tiempo fuera, razón de más para que seas constante en tus métodos; le resultará más fácil reinsertarse en la dinámica familiar cuando vuelva. Si te relajas durante su ausencia y a su regreso vuelven a aplicarse las normas, a las niñas no les hará gracia que vuelva. Lógico: viven como reyes mientras no está y, cuando vuelve, tienen que encargarse de sus cosas.

Si vives sola con tus hijas, es normal que te veas tentada de tratarlas más como colegas que como hijas a tu cargo. Quizá pienses que así es más fácil y que evitas conflictos, pero un niño acostumbrado a ver a su madre como colega primero y como madre después se sentirá confuso e inseguro. Tiene que poder recurrir a ti en busca de orientación y límites, no que se le otorgue un estatus de igualdad cuando no tiene ni idea de cómo desempeñar semejante papel ni está preparado para adoptarlo. Si dejas que tus hijas duerman en tu cama, tal vez alberguen la idea equivocada de que estáis al mismo nivel, que sois colegas, no madre e hijas.

Puedo entender perfectamente que no te importe que las niñas se cuelen en tu cama mientras tu pareja está fuera. Prácticamente eres una madre soltera durante ese tiempo, y tu labor resulta agotadora y solitaria. Otro ser humano en tu cama, aunque sea pequeñito e inquieto, puede resultar reconfortante. Pero debes buscar ese consuelo de otras formas.

Una de las cosas que tienes que plantearte es si recibes el apoyo que necesitas. Busca el modo de salir de vez en cuando o invitar a alguna amiga a cenar. La compañía de un adulto puede ayudarte a ver la situación desde la perspectiva adecuada y a mantener el papel de madre de tus hijas, no de colega. Pídele a alguna amiga que haga de canguro de tus hijas para que puedas tener un poco de tiempo para ti misma. Procura animar a tu marido a que pase más tiempo con las niñas cuando esté en casa. Si sabes que volverá tarde un viernes por la noche, propón a las niñas que duerman una siesta después de comer para que puedan acostarse un poco más tarde y ver a papá. Procura descansar y tomarte un respiro del papel de madre soltera. Si te acuestas agotada todas las noches, terminarás mal, y posiblemente por eso ni siquiera te enteras de que tus hijas se cuelan en tu dormitorio.

Para saber que las niñas se han metido en tu cama, usa la **técnica de las campanillas.**

CÓMO FUNCIONA LA TÉCNICA

- Cuelga de la puerta de tu dormitorio un carillón o una tira de campanillas o cualquier cosa que haga suficiente ruido para despertarte.

- Cuando suenen las campanillas, señal de que las niñas están a punto de invadirte la cama, levántate y llévalas a su habitación. No caigas en la tentación de dar media vuelta y volver a dormirte. Posiblemente tarden unas cuantas noches en captar el mensaje, pero es fundamental que sigas el método hasta el final.

- Si tus hijas no quieren quedarse en sus camas cuando las devuelvas a su cuarto, usa la *técnica de quedarse en la cama* (pág. 96).

- Recuerda que siempre puedes remolonear con tus hijas los fines de semana por las mañanas, y que puedes meterlas en tu cama cuando estén malitas o necesiten un cuidado especial.

Consejo: Uso de la técnica

La técnica de las campanillas es perfecta para alertarte de cualquier clase de perturbación nocturna, por ejemplo, que tu hijo se haya hecho pís en la cama o haya tenido una pesadilla.

H de Honestidad.

La honestidad es la base de la confianza.

P *Desde que cambiamos a nuestro hijo de dos años de la cuna a una «cama grande», no consiente en acostarse salvo que uno de nosotros se tumbe a su lado. Cada noche tarda más en dormirse. ¡Una vez mi marido se durmió antes que el niño! ¿Qué hacemos mal? ¿Deberíamos volver a acostarlo en la cuna por un tiempo?*

R Recibo montones de cartas de padres que me preguntan si el que el niño se baje solo de la cuna significa que hay que acostarlo en una cama. Los niños pequeños ganan agilidad a medida que se desarrollan sus aptitudes físicas y su fuerza, por lo que es lógico que aprendan a escalar por encima de los barrotes de la cuna. Ésa no es siempre razón suficiente para trasladar al niño a una cama grande. Baja los barrotes de la cuna para que tu hijo no se haga daño y pon en práctica la **técnica de la separación nocturna**, que exponemos a continuación, para que el niño se acostumbre a pasar la noche donde le corresponde.

Salvo que la cuna se le haya quedado claramente pequeña, no aconsejo trasladar al niño a una cama grande antes de los tres años. A esa edad, el niño es mucho más maduro y puede implicarse en el proceso. Cuando tu hijo tenga tres años, podrás hablarlo con él, prepararlo para el cambio e incluso llevártelo a la tienda para que elija la cama. Para un niño de dos años, este cambio puede resultar brusco y desconcertante.

Si tu hijo se acostaba sin problema antes de cambiarlo a la cama grande, es posible que la transición lo haya perturbado. No obstante, ahora que has dado el paso, no es buena idea que retrocedas y vuelvas a acostarlo en la cuna. Posiblemente sea peor el remedio que la enfermedad. Lo mejor es que lo acostumbres a que se acueste sin depender de tu presencia. Cuando se crea un patrón de dependencia, por la razón que sea, el niño aprende inmediatamente a usarlo como instrumento de control, como ya habrás observado.

Prueba la *técnica de la separación nocturna* o la *técnica de quedarse en la cama* (pág. 96), dependiendo de la madurez emocional del niño. Con la *técnica de la separación nocturna*, te vas retirando poco a poco de la habitación de tu hijo para que aprenda a dormirse solo.

CÓMO FUNCIONA LA TÉCNICA

- Acuesta a tu hijo como siempre, dale un achuchón y dile que cierre los ojitos, que es hora de dormir. La luz debe estar apagada y la puerta abierta.

- Siéntate en el suelo, cerca de la cama pero a una distancia tal que el niño llegue a tocarte. No lo mires. Guarda silencio hasta que se duerma. Si intenta darte conversación, no contestes. El lenguaje corporal es la clave. Baja la cabeza como si te hubieran desconectado. Tranquiliza al niño con tu presencia, pero no le proporciones otra vía de comunicación.

- Intentará darte conversación, te pedirá que le leas un cuento, te dirá que quiere agua o usará cualquier otra táctica dilatoria que se le ocurra. Procura resolver todas esas

Consejo: Suaviza la transición
Suaviza el paso de la cuna a la cama poniendo en ella los muñecos favoritos de tu hijo. Usa su manta preferida, cualquier cosa que le indique claramente que es su territorio.

cuestiones antes de poner en práctica la técnica: dale agua, léele un cuento y sigue la rutina de acostarse como siempre.

- A la noche siguiente, repite las mismas fases, pero apártate un poco más de la cama.

- Aumenta progresivamente la distancia entre la cama y tú hasta que te sientes fuera de la habitación del niño con la puerta abierta. En el caso de tu hijo, no te costará mucho romper la pauta, porque ya se dormía solo en la cuna. Cuando el patrón de comportamiento lleva más tiempo repitiéndose, resulta más difícil de romper.

P *Hace unos cuatro meses, mi hijo de cinco años empezó a hacerse pis en la cama otra vez, cuando llevaba desde los tres y medio sin hacerlo. Empezó con un par de escapes de vez en cuando, pero ahora se hace pis todas las noches, a veces dos o tres veces cada noche. Hemos estado usando un gráfico de puntos para premiarlo por las noches en que no moja la cama, pero estas ocasiones son contadas. Como es lógico, se despierta cada vez que se hace pis, y tengo que cambiarle las sábanas, así que ninguno de los dos duerme mucho.*

R Es importante que procures averiguar qué se esconde tras esa incontinencia nocturna. A casi todos los niños se les escapa alguna vez cuando ya llevan tiempo sin hacerse pis por la noche, pero normalmente la razón es obvia: han bebido más de lo normal antes de acostarse, están en una cama extraña, se ha desbaratado su rutina por alguna razón o se han acostado muy nerviosos. Además, muchos niños pierden el control de la vejiga temporalmente cuando están malitos. No obstante, suele tratarse de casos aislados. Tu problema se está convirtiendo en un hábito.

Lo primero que debes hacer es asegurarte de que no hay una razón patológica para la incontinencia de tu hijo, como hongos, diabetes o alguna infección urinaria. Lleva al niño al pediatra y que le hagan un análisis de orina.

Si no tiene ninguna infección urinaria, repasa los cambios y acontecimientos de los últimos cuatro meses para intentar averiguar qué ha podido perturbarlo: una mudanza, el inicio del cole, la llegada de un hermanito. Todas estas novedades familiares pueden perturbar al niño y desencadenar un período de incontinencia nocturna. Si a un niño mayor no se le prepara poco a poco para la llegada de un hermano, puede sufrir una regresión de conducta con el fin de recuperar la atención de sus padres.

Hace poco, en una conferencia, conocí a una mujer que me preguntó qué podía hacer con su hijo de cuatro años: llevaba un año sin hacerse pis, pero había vuelto a mojar la cama y estaba desesperada. Repasamos las cuestiones que comentaba antes. ¿Problemas médicos? No. ¿Demasiados líquidos por la noche? No. ¿Algún cataclismo reciente en su vida? No. «¿Seguro? —le pregunté—. Repasa los últimos meses. ¿No hay nada que pueda haberlo estresado?», añadí. «No», me respondió. «Pero yo sí he estado estresada. Tuve un bebé hace cuatro meses y acabamos de mudarnos a otra casa».

Tu hijo es parte de tu vida. Tus angustias y preocupaciones le afectan.

La incontinencia nocturna también puede ir asociada al miedo a la oscuridad (pág. 89). No obstante, a veces se trata sólo de una forma de llamar la atención.

Entretanto, ¿qué debes hacer al respecto?

- Limita la ingesta de líquidos del niño justo antes de acostarse.

- Asegúrate de que hace pis antes de irse a la cama.

- Compra juegos de sábanas de repuesto (hazte con unos cuantos baratos en las rebajas) y cubre el colchón con un protector de plástico.

- También puedes adquirir una alfombrilla con alarma para colocarla bajo las sábanas. Cuando se haga pis, sonará la alarma y así te enterarás. O puedes colgar un carillón sobre la puerta de tu dormitorio para despertarte cuando entre a contarte lo que ha pasado (pág. 101).

- Usa la **técnica del pis de las once**. Hasta que consiga volver a pasar la noche sin hacerse pis, tendrás que levantarlo a las once y llevarlo al baño. Es importante que esté suficientemente despierto para que se dé cuenta de lo que sucede: lo que pretendes es animarlo a que se levante a hacer pis cuando tenga ganas.

- No pierdas la calma y sé comprensiva. Cuando se haga pis en la cama, dile: «Vaya, cielo, esta noche se te ha escapado, pero seguro que mañana ya no.»
  Sigue utilizando el gráfico de puntos. Con suerte, pronto podrá pegar en él unos cuantos.

Me alegra oír que le cambias las sábanas. Nunca obligues a tu hijo a dormir en una cama mojada como castigo: un niño con incontinencia nocturna necesita apoyo, no castigos. A algunos padres les fastidia tanto tener que levantarse en plena noche, que dejan claro su enfado. Las regañinas sólo sirven para que el niño se sienta peor. Ya les avergüenza bastante lo que pasa de por sí. La vergüenza puede incluso hacer que el niño duerma con las sábanas mojadas en lugar de contarles a sus padres lo que ha ocurrido.

Tras muchas noches en vela, quizá también resulte tentador volver a ponerle pañales al niño o usar braguitas pañal durante un tiempo. Esto es muy desagradable para el niño: constituye un paso atrás que lo hará sentirse como un bebé grande. Procura reforzar su independencia. Si tiene cinco o seis años, puedes pedirle que te ayude a hacer la cama. Elógialo y anímalo por intentarlo.

I de Implicación.

Implica a tus hijos en lo que haces. El trabajo en equipo refuerza la unidad familiar.

P *Echo mucho de menos remolonear en la cama con mi pareja los fines de semana. Tenemos dos hijos, una niña de seis y un niño de tres y medio, y los dos se levantan a las siete. ¿Hay alguna forma de conseguir que duerman un poco más los fines de semana? Duermen toda la noche de un tirón y nunca hemos tenido muchos problemas para acostarlos, ¡pero nos gustaría poder volver a remolonear como antes!*

R ¡Vaya, vuestros hijos duermen toda la noche de un tirón y se levantan a las siete! ¡Pobrecitos! ¡Hay niños que se despiertan a las cinco y media! Si habéis conseguido evitar que los niños sufran trastornos del sueño hasta la fecha, es que lo estáis haciendo muy bien. Así que lo primero que os diría es «Virgencita, que me quede como estoy».

Aunque retrasarais un poquito la hora de acostarse de vuestros hijos el fin de semana, a su edad probablemente no se levantarían más tarde al día siguiente y correríais el riesgo de robarles unas horas de sueño necesarias y provocar con ello su irritabilidad durante el día. Eso sólo puede hacerse con niños mayores. Aun así, hablo de una hora como máximo, no me refiero a la idea que un adulto tiene del remoloneo. Los niños no pueden cambiar de rutina así como así, sólo porque sea fin de semana. Habéis logrado implantar un patrón de sueño que muchos padres darían un riñón por conseguir. ¡No os quejéis!

Ahora que sois padres, no podéis pretender que la vida siga siendo como antes de que nacieran vuestros hijos. Debéis aceptar que, de momento, las mañanas de fin de semana remoloneando en la cama son cosa del pasado. Si los dos necesitáis dormir más los fines de semana para recargar baterías, turnaos para cuidar de los niños. Si no, aprovechad que los niños no os dan problemas por la noche para pasar más tiempo juntos en ese momento. Si ajustáis vuestro horario al de los niños y os acostáis un poco antes, os levantaréis descansados y no os hará falta quedaros más rato en la cama.

También podríais arañarle media horita más de sueño a la mañana si les explicáis a los niños que os vais a levantar en seguida y que mientras pueden jugar tranquilos en su cuarto. Tampoco pasa nada por que les pongáis un vídeo para que lo vean un rato mientras vosotros dormís.

Como último recurso, os sugiero que dejéis que los niños se metan en vuestra cama las mañanas del fin de semana con unos juguetes y unos libros. Es el momento perfecto para achucharse y remolonear en familia.

I de interior.

Métete en el mundo interior de tu hijo y libera al niño que llevas dentro.

4 Dentro y fuera de casa

Los problemas de conducta no se limitan a las comidas y al sueño. En *Supernanny*, veo con frecuencia a padres que hacen frente a todo tipo de dificultades dentro y fuera de casa. Muchas personas del mundo entero comparten estas preocupaciones.

¿Cómo impedir que los niños se escapen de casa? ¿Cómo conseguir que se porten bien en acontecimientos sociales? ¿Cómo hacer la compra semanal sin que los niños la monten en el súper? ¿Y las palabrotas, los lloriqueos y las mentiras? ¿Qué pasa con los niños tan tímidos que ni siquiera saludan?

El niño que presenta una actitud intimidatoria y constantemente agresiva, que da patadas, pega y se pelea con todo el mundo, obviamente necesita que le pongan freno. Pero ¿y el niño que no consigue estar listo a tiempo para el cole? ¿O el de tres años que aún no sabe usar el orinal? Uno de los cometidos de los padres es atender las necesidades físicas de sus hijos. Procurar que duerman lo suficiente, que coman bien, cuidarlos cuando están malitos, tenerlos abrigados, secos y bien vestidos, y darles la oportunidad de correr al aire libre, son tareas que debe desempeñar cualquier padre. Sin embargo, un padre no es un simple cuidador, también debe satisfacer las necesidades emocionales del niño. La educación de tus hijos implica escucharlos y orientarlos para que puedan relacionarse correctamente con sus iguales. Significa enseñarles las aptitudes sociales que necesitan para poder llevarse bien con otras personas, y animarlos a que sean más independientes, se sientan más seguros de sí mismos y más felices.

Las normas domésticas permiten establecer límites. Los niños no deben tomar las riendas de su propia educación. Quizá creas que si tus hijos dirigen el cotarro (vamos, que hacen lo que les viene en gana) serán más felices. Es al contrario: los niños que disfrutan de absoluta libertad. A menudo se sienten confundidos, y eso los aterra y les produce inseguridad. Ellos no quieren esa libertad ni esa responsabilidad. Desde muy pequeños, los niños necesitan orientación y consejo.

Hay padres que se niegan a castigar a sus hijos porque piensan que toda forma de control coarta al niño y deteriora la relación de éste con sus padres. Quizá ellos recibieron una educación muy estricta y han decidido dar a sus hijos libertad absoluta para que se expresen sin ningún tipo de disciplina. En el extremo opuesto se encuentran los padres que no prestan atención a las necesidades efectivas de sus hijos y esperan que cumplan sus normas a rajatabla. Mi propósito es combinar ambos extremos y proporcionar a los niños un marco en el que puedan explorar su entorno tranquilamente y aprender a pensar por sí mismos, además de enseñarles las aptitudes sociales que les permitirán llevarse bien con sus semejantes.

También hay padres que temen castigar a sus hijos o poner límites a su conducta por si se equivocan. Esto es muy frecuente. A los padres les disgusta el comportamiento de sus hijos, pero no quieren saltar a la palestra y asumir su responsabilidad. Posiblemente no confíen en sus aptitudes como padres o piensen que alguien los va a

señalar con el dedo, tacharlos de malos padres o poner de manifiesto su inaptitud en cualquier aspecto. Así que, en lugar de tratar de resolver los problemas que se les plantean, se convierten en meros espectadores o recurren a distracciones temporales, preocupados por lo que pueda decirse de ellos.

Impón límites a tus hijos para que sepan hasta dónde pueden llegar. Predica con el ejemplo y sé un modelo de conducta para tus pequeños. Jamás he tratado con una sola familia en la que escaseara el cariño, pero sí he conocido muchas en las que el respeto brillaba por su ausencia. La implantación de unos límites y su mantenimiento mediante disciplina, elogios y estímulos conducen a una vida familiar sana en la que abundan el cariño y el respeto. Es una cuestión de equilibrio.

Temas y técnicas tratados en este capítulo:

NORMAS DOMÉSTICAS: cómo establecer límites.

LA ANGUSTIA DE LA SEPARACIÓN: cómo resolverla.

TÉCNICA DE LA SEPARACIÓN para lograr despedidas felices.

TÉCNICA DEL CRONÓMETRO para enseñar a los niños a compartir.

EL CUBO COMÚN para enseñar a los hermanos a compartir.

RIVALIDAD ENTRE HERMANOS: cómo solucionarla.

CONTROL DEL ENFADO mediante respiración y ejercicios.

TIMIDEZ: cómo proporcionar a tus hijos aptitudes sociales.

LLORIQUEOS: cómo combatirlos.

APRENDER A IR AL VÁTER: lo que hay que hacer y lo que no.

TÉCNICA DEL NIÑO MAYOR para que los más pequeños aprendan a vestirse.

VESTIR CAPRICHOSO: cómo hacerle frente.

PROBLEMAS A LA HORA DEL BAÑO: cómo afrontarlos.

TÉCNICA DEL BUEN DESPERTAR/GRÁFICA DE LEVANTARSE Y PONERSE EN MARCHA para disfrutar de mañanas tranquilas.

TÉCNICA DE LA CONFIANZA para niños que tardan en volver a casa.

TÉCNICA DEL STOP para niños que se suelen escaparse.

MAL COMPORTAMIENTO EN PÚBLICO: cómo combatirlo.

TÉCNICA DE LA IMPLICACIÓN para hacer la compra en el súper.

VIAJES EN COCHE: trucos para llevarlo mejor.

PRIMEROS DÍAS DE GUARDERÍA O COLEGIO

RÉPLICAS: cómo afrontarlas.

MENTIRAS: cómo combatirlas.

DEBERES: cómo ayudar a tu hijo.

TAREAS DOMÉSTICAS: cómo conseguir implicar a tus hijos.

I de Itinerario.

La paternidad es seguir un itinerario. Disfruta de los grandes momentos y aprende de los obstáculos superados en el camino.

Normas domésticas

Algunas de las familias con las que trabajo ya tienen una idea clara del tipo de normas domésticas que les gustaría implantar, pero les cuesta ponerlas en práctica. En otras familias, los padres no se ponen de acuerdo sobre las normas o las cambian y bajan el listón cuando la conducta de sus hijos los sobrepasa. Los niños crecen, y las familias evolucionan. Es muy raro que los padres no tengan normas en absoluto. A casi todos los padres les parece inaceptable el comportamiento agresivo (los golpes, los puñetazos, las patadas), pero su forma de afrontarlo suele desorientar a sus hijos.

Una norma deja de serlo si su incumplimiento no tiene consecuencias. Si no les comunicas a tus hijos cómo esperas que se comporten ni los orientas en la dirección adecuada con una combinación de disciplina y elogios, será como si las normas no existieran. Como adultos, aceptamos las normas que nuestra sociedad nos impone. Sabemos que si nos saltamos un semáforo en rojo y nos pillan, tendremos que pagar una multa. El niño tiene que entender que su comportamiento, bueno o malo, tiene consecuencias.

Imagina que te sientas a jugar un juego de mesa con tu hijo. Tú ya has jugado alguna vez, pero él no. Lo preparas y le dices al niño que empiece. «¿Y qué hago?», te pregunta, pero tú no se lo dices. «¿Tengo que tirar el dado?», añade. No dices nada. Tu hijo tira el dado y hace avanzar su ficha por el tablero. «Vas al revés», le dices. «¿Y yo qué sabía? —te contesta—, ¡no me lo has dicho!»

Una de las primeras cosas que hago en *Supernanny*, después de estudiar la dinámica familiar y hablar con los padres, es reunirme con toda la familia y proporcionarles una rutina familiar. Además, si las normas se incumplen habitualmente y la familia necesita que se las recuerden, las escribo en una cartulina grande y la pego en la pared, en el frigorífico o en cualquier otro lugar donde todos puedan verlas. No hablo de páginas y páginas de normas sobre todos y cada uno de los aspectos de la vida familiar hasta el último detalle, sino de un marco de trabajo básico. A menudo las normas destacan determinados tipos de conducta particularmente problemáticos en la casa: por ejemplo, las palabrotas o las peleas.

Retomemos el ejemplo del juego de mesa. No te vas a sentar a jugar al Monopoly con tu hijo de tres años. Los niños de esa edad carecen de las aptitudes mentales necesarias para entender las reglas del juego y saber lo que tienen que hacer. Para ellos, tirar el dado, jugar por turnos y avanzar de casilla en casilla ya es bastante complicado. Con el juego de la oca tienen más que suficiente. Esto también es aplicable a las normas domésticas: «Nada de peleas», «Hay que hacer lo que dicen papá y mamá.» Cuando tus hijos se hagan mayores, podrás ajustar las normas para controlar mejor su comportamiento.

Tu objetivo debe ser conseguir que tus hijos sean más conscientes de su comportamiento y del modo en que afecta a los demás, y sepan distinguir lo que está bien de lo que está mal. Cuando el niño haya desarrollado su propia conciencia, se disculpará por hacer algo malo y sin que tú se lo pidas.

A partir de entonces, ya no tendrás que escribir las normas domésticas en una cartulina y pegarlas en la pared, pero quizá sí tengas que charlar tranquilamente con tu pareja sobre el modo de adoptar una postura común. ¿Qué conducta es inaceptable? ¿Qué es tolerable? ¿Qué problemas debéis resolver como padres? ¿En qué cuestiones podéis aflojar un poco? Usad la *técnica de la sintonía* (pág. 30) para resolver vuestras diferencias y presentar un frente sólido. Mantened la comunicación entre vosotros, y con vuestros hijos.

Cuando los niños se queden con la canguro, la niñera o similar, dejadles claro cómo queréis que se porten y por qué. Siempre que sea posible, cualquier persona que cuide de vuestros hijos deberá respetar sus rutinas para que los niños sepan lo que se espera de ellos.

La imposición de un conjunto de normas domésticas claras no implica que os comportéis como sargentos todo el día y tengáis siempre a los niños firmes y dispuestos. No busquéis los problemas. El elogio y el estímulo (es decir, la validación de los logros de los niños) son herramientas tan poderosas como la disciplina cuando se trata de conseguir que un niño se porte bien. No obstante, también es fundamental que seáis conscientes de que libraréis menos batallas si lográis poner fin a la mala conducta antes de que pueda reproducirse. Muchos padres ignoran las réplicas o pequeñas travesuras de sus hijos por el bien de la tranquilidad familiar y con la esperanza de que no llegue la sangre al río, pero si el mal comportamiento está muy arraigado o el niño se porta mal para llamar la atención, la cosa no quedará ahí y en breve os veréis calculando las bajas de una batalla mayor. Si vuestro hijo incumple una norma, debéis advertirle y tomar las medidas acordadas en cuanto reincida.

Cuando visité por primera vez a Wendy Agate, una madre soltera con tres hijas en edad escolar, la encontré muy deprimida. En lo relativo a la conducta de sus hijas, había tirado la toalla. El respeto en aquella casa era casi inexistente y la más pequeña de las niñas, Mary-Ann, de siete años, se encontraba prácticamente fuera de control. La madre había hecho lo que había podido desde que su pareja la había dejado hacía cuatro años, y tenía la autoestima por los suelos. Su relación con la pequeña había empezado a seguir la misma pauta que la que había mantenido con su pareja. Nos costó reforzar la confianza de Wendy en sí misma y lograr que comunicara a sus hijas su autoridad de madre y dejara de chillarles como consecuencia de su enfado y su frustración. Una de las cosas que observé fue que a Wendy le costaba ser constante. En una ocasión, durante el desayuno, se produjo una lucha de poder entre ella y Mary-Ann por una tostada. Wendy lo dejó pasar y al rato tuvo que hacer frente a una rabieta en toda regla. En muchos aspectos, Mary-Ann ponía a prueba a su madre para ver si ésta tenía el valor de actuar como tal. Durante el tiempo que trabajé en su caso, Wendy hizo grandes progresos. Cuando me fui, ya había conseguido recuperar su título de «mamá» y estaba decidida a no dejarlo escapar.

Tened siempre presentes las siguientes cuestiones:

- **SED FIRMES** en cuanto a lo que está permitido y lo que no. La incoherencia confunde a los niños y les proporciona la ocasión perfecta para enfrentaros: «¡Pues mamá me ha dicho que sí!»

- **NO SEÁIS QUISQUILLOSOS** Estableced normas claras de carácter general, pero no perdáis el tiempo intentando aplicar tropecientas reglas menores sobre cuestiones muy específicas. La línea que separa el control de la situación del control del niño es muy fina.

- **PREDICAD CON EL EJEMPLO** No podéis pretender que los niños hagan caso de lo que les decís si vosotros no lo cumplís también. Las palabrotas son el caso típico. Si os salen sapos y culebras de la boca cada vez que la abrís, los niños no tardarán en adoptar ese mismo vocabulario. «Si está mal decir tacos, ¿por qué tú los dices?»

- **REFORZAD LAS NORMAS CON DISCIPLINA** Las normas no valen de nada si no se aplican.

- **CON ELOGIOS Y ESTÍMULO CONSEGUIRÉIS MUCHO,** sobre todo si veis que vuestros hijos se portan bien sin necesidad de insinuaciones o indicaciones de vuestra parte.

MUY IMPORTANTE

Una mayor variedad de opciones no sustituye a un conjunto de normas claras. Me encuentro constantemente con padres que proponen múltiples opciones a sus hijos pequeños para conseguir que cooperen y se porten bien. «¿No lo quieres? ¿Seguro? ¿Y éste? ¿Tampoco?» Y así hasta mil. Un niño pequeño no puede asimilar tantas opciones, como tampoco sabe qué hacer cuando se le deja decidir. Para ellos el problema posiblemente no tenga nada que ver con qué ponerse, qué comer, a qué jugar o lo que estén haciendo en ese momento. Es sencillamente una cuestión de control. Limita las opciones que le ofreces a tu hijo, trata de implicarlo en lo que haces y refuerza las normas con disciplina si es preciso.

Consejo: Porque sí

Explica siempre las normas a tus hijos. Tu pequeño de cuatro años está a punto de levantarse de la mesa con la boca llena. Se lo prohíbes. Te pregunta por qué y le contestas: «Porque sí.» Dile: «No es de buena educación levantarse de la mesa con la boca llena. Cuando termines, te puedes marchar.»

I de Inteligencia.

Esfuérzate por comprender el punto de vista de tus hijos y ponte en su lugar.

P *Mi hijo de trece meses, Ben, está muy enmadrado. Llora cuando salgo de la habitación y no quiere saber nada de su padre. No juega con sus juguetes y sólo quiere estar sentado en mi regazo todo el tiempo.*

R Salvo que tu hijo esté malito o sufra algún tipo de tensión emocional, es probable que pase por una fase de angustia de la separación. El niño tiene edad suficiente para recordar y comparar sucesos, así que, cuando ve que te vas, se angustia porque recuerda que la última vez no le gustó. Agarrarse a mamá como una lapa es otro de los síntomas de la angustia de la separación, y muchas veces hace que los papás se crean auténticos ceros a la izquierda.

¿Qué sentimientos te provoca su llanto? No es raro que las mamás se sientan atrapadas y sobrepasadas cuando no pueden ni ir a hacer pis sin que el niño se disguste. Mantén la calma, respira hondo y sigue hablando con tu hijo con naturalidad para que vea que no hay nada que temer. No permitas que te contagie la angustia. Un bebé necesita seguir oyendo la voz de su madre mientras ésta se mueve por la casa. Con los niños un poco mayores, puede bastar con que le vayas contando qué haces. Lo que no debes hacer jamás es escaparte sigilosamente cuando tu hijo esté distraído: en cuanto descubra que has desaparecido, se confirmarán sus peores temores.

Suelo jugar a «estoy, ahora no estoy» con niños pequeños para enseñarles a entender que aunque no me vean sigo ahí. Prueba a ponerte un pañuelo o una servilleta por encima de la cabeza y reaparece de repente: seguro que tu hijo se parte de risa. También puedes ocultarte bajo el edredón o esconder objetos debajo de unas tazas; les divierte mucho.

Convence a tu pareja de que el niño no le ha cogido manía de pronto. Esta fase irá perdiendo intensidad, sobre todo si no os lo tomáis a la tremenda. Si tranquilizas al niño cuando se lo das a su padre diciéndole «No pasa nada, chiquitín. ¡Ay, qué triste está él, pobre!», lo único que consigues es validar sus sentimientos, y eso no es conveniente en absoluto.

Una cosa más: la angustia de la separación suele reproducirse hacia el año y medio. Preparad a vuestro hijo para ese momento ampliando su círculo social, de modo que se sienta más cómodo rodeado de personas distintas.

M de Misericordia.

Enseñad a vuestros hijos el valor de la misericordia: es la mayor fuerza del mundo.

P *¡Socorro! No tenemos vida social. Nuestra hija de tres años se disgusta tanto cuando salimos por la noche que hemos dejado de intentarlo.*

R Muchos padres se enfrentan a este problema, y algunos reaccionan como vosotros: abandonando cualquier intento de recuperar su vida social. En primer lugar, conviene que recordéis que debéis pasar tiempo juntos, como pareja, fuera de casa para mantener viva vuestra relación. Ser padres no significa aparcar vuestras necesidades durante dieciocho años.

Los niños pequeños suelen montar numeritos de Oscar a la puerta de casa cuando saben que sus padres van a salir por la noche. No hay por qué alimentar el drama. A algunos niños les cuesta más que a otros separarse de sus padres, pero casi todos pasan por un período de enmadramiento en que se niegan a que los cuide nadie más.

Te propongo algunas formas de hacer frente a la situación (¡y que os quedéis en casa no es una de ellas!):

- Procura llamar a una canguro que tu hija conozca y en quien confíe. Podría ser la abuela (si le apetece) o algún otro familiar. Si no, invita a la canguro a que se pase por casa un poco antes de que te vayas para que pueda conocer a tu hija. No dejes a la niña con alguien a quien no conozca. Eso complicaría el problema.

- Reserva una mesa en un restaurante o compra entradas para el cine, y llama a la canguro para la noche en cuestión.

- Es fundamental encontrar el momento oportuno. Conviene que le digas a la canguro que llegue un poco antes para que tu hija ya esté entretenida con algún juego o alguna actividad cuando te marches. Sin embargo, si la niña ya ha hecho sus cábalas y sabe que cuando viene la canguro tú te vas, es posible que la arme en cuanto aparezca tu reemplazo. En ese caso, lo más importante es que no os entretengáis.

- No intentes salir furtivamente de casa. Cuando tengas que irte, explícale a tu hija que vas a salir y que luego vuelves. Sé breve y cariñosa. Dale un beso y un achuchón. No valides los sentimientos de la niña diciéndole que sabes que no le gusta la idea.

- Márchate tranquila y disfruta de la velada. Casi todos los niños dejan de llorar incluso antes de que a mamá le dé tiempo a pisar la calle. Llévate siempre el móvil, pero no caigas en la tentación de llamar cada cinco minutos para ver cómo está la niña. Pregúntate: ¿soy uno de esos padres dependientes?

Con los niños a los que les cuesta dejar marchar a sus padres, uso la **técnica de la separación**, que resumo seguidamente.

La madre de una de las familias de *Supernanny*, los Harmony, había caído en la trampa de intentar consolar a su hijo de tres años. Siempre que ella salía de casa, Grant perseguía el coche como si estuviera entrenándose para los cien metros lisos. Ella paraba el coche, le daba un beso y un abrazo, y el niño reanudaba su particular persecución. Usamos la técnica de la separación para despegar a Grant de las faldas de su madre.

CÓMO FUNCIONA LA TÉCNICA

- Prepárate.

- Dile a la canguro, a tu pareja o a quien vaya a cuidar de la niña que llegue cinco minutos antes de que tú salgas de casa, para que tenga tiempo de entretener a la niña con alguna actividad.

- Justo antes de irte, explícale a tu hija, con determinación, adónde vas y qué vas a hacer: «Mamá va a hacer unos recados, pero vuelve en veinte minutos.»

- Despídete y márchate.

P *A mi hijo de cuatro años le cuesta muchísimo compartir. En cuanto se hace con un juguete, ya no se lo deja a nadie. Resulta desagradable cuando está en casa de algún amiguito, pero en la nuestra es aún peor: no soporta que ningún otro niño toque sus cosas. Necesito ayuda, porque la situación ha llegado a un punto en que no me atrevo a pedirle a ninguna de mis amigas que venga a casa con sus hijos.*

R Los juguetes son muy importantes para los niños, y éstos a veces son muy posesivos con ellos, sobre todo en casa. No eres la única que tiene este problema. Los niños de cuatro años son los «reyes de la casa».

A los niños de los Doyle les costaba tanto jugar tranquilamente con otros niños que su madre dejó de invitar a gente a casa porque le daba vergüenza. Se sentía secuestrada en su propio domicilio. Les dije a los niños que podían guardarse uno de sus juguetes favoritos en su cuarto, pero tenían que compartir el resto.

Enséñale a tu hijo que compartir puede ser divertido. No significa que tenga que renunciar a sus juguetes para siempre. Prueba la **técnica del cronómetro**.

CÓMO FUNCIONA LA TÉCNICA

- Hazte con un cronómetro de cocina (en forma de huevo, por ejemplo) y explícale a tu hijo que puede jugar con su juguete hasta que salte el cronómetro, y después tiene que dejárselo a sus amigos. Dile que cuando todos hayan jugado con él, será su turno otra vez.

- Cuando salte el cronómetro, anima a tu hijo a que le pase el juguete a otro niño. No intentes quitárselo: así sólo conseguirás iniciar un tira y afloja. Dile que ha pasado el tiempo y que debería dejarle el juguete a su amiguito un rato. Elógialo cuando lo haga. Siempre que comparta un juguete, dile lo bueno que es y lo contenta que estás.

- Sigue usando el cronómetro y pasándole el juguete a otro niño cada vez hasta que vuelva a ser el turno de tu hijo.

- Debes ser constante. El niño terminará por entender que compartir es algo bueno y que no significa que vaya a quedarse sin el juguete para siempre.

- También puedes proponerle actividades que impliquen el juego en grupo, como hacer el trenecito, jugar en la arena o en el agua. Prueba la *técnica del juego en grupo* (pág. 219). Cuando supervises el juego (o juegues con los niños), pon mucho entusiasmo. De esa forma, les transmites la idea de que el juego en grupo por turnos es divertidísimo.

P *Mis tres hijas siempre se pelean por los juguetes. Van muy seguidas (cinco, tres y dos años) y eso no ayuda. Estoy harta de ser el árbitro de todas sus peleas. Por lo demás, se portan muy bien, pero me desespera que estén siempre pinchándose y discutiendo.*

R Parece que estamos ante una auténtica lucha de gatitas. A mi juicio, tienes dos problemas. No dices de qué tipo son las peleas, pero si hay un comportamiento agresivo, tendrás que servirte del castigo para dejarles claro que no vas a tolerar las disputas. Impón una serie de normas domésticas para que las niñas sepan lo que es aceptable y lo que no. Usa la *técnica del rincón de pensar* o alguna de sus variantes (pág. 172). Si las peleas son conjuntas, puedes usar rincones, sillas o alfombrillas distintos para que aprendan a tranquilizarse y a dejar de discutir.

Por otra parte, debes enseñarles a compartir. Prueba la *técnica del juego en grupo* (pág. 219) o entretenlas con una de las actividades que proponemos en el capítulo de «Refuerzo positivo» (pág. 198) que precisan cooperación (una yincana, una carrera de obstáculos, juegos acuáticos), cualquier cosa que las obligue a trabajar en equipo y a disfrutar sin obsesionarse con sus pertenencias.

También he usado la *técnica del cubo común* con una familia cuyos hijos siempre discutían sobre quién jugaba con qué.

CÓMO FUNCIONA LA TÉCNICA

- Hazte con varios cubos o contenedores, o incluso cajas de cartón. Dale a cada niña un cubo y ponle una etiqueta con su nombre.
- Extiende los juguetes de tus hijas por el suelo.
- Id viendo todos los juguetes y ayuda a tus hijas a decidir de quién es cada cosa. Que cada niña meta sus juguetes en el cubo que lleva su nombre.
- Cuando hayáis separado todos los juguetes y los hayáis metido en el cubo correspondiente, pídele a cada una de tus hijas que elija un juguete de su cubo que quiera compartir con una de sus hermanas durante siete días.
- Una vez que todas hayan decidido qué juguete quieren compartir durante una semana, vuelve a sentarte con ellas y dales otro cubo, que marcaréis con la etiqueta «cubo común». Después, pídeles que elijan unos cuantos juguetes que puedan meter en el cubo común. Explícales que esos juguetes serán de todas.

M de Modales.

Enseña buenos modales a tus hijos y dales ejemplo para que aprendan a respetarse a sí mismos y a los demás.

P *Tengo entre manos un caso difícil de rivalidad fraternal. Adam, el mayor de mis hijos, tiene cinco años y, desde que nació su hermanito Toby, hace seis meses, ha demostrado tenerle muchos celos, porque su comportamiento ha empeorado notablemente. Cuando Toby está presente, se vuelve muy agresivo, y yo le pago con la misma moneda. Está siempre de tan mal humor que parece que vaya a estallar. ¿Qué hacemos?*

R Para empezar, procurad ser compasivos con vuestro hijo. Os ha tenido a los dos para él solo durante casi cinco años, ha sido el centro de vuestro universo, y ahora llega el bebé y lo cambia todo. Para un niño, aceptar una nueva dinámica no es siempre tan fácil como para un adulto.

El nacimiento del bebé ha descolocado a Adam, y la agresividad es su forma de reaccionar al cambio. Lo que tenéis que hacer es procurar reencauzarlo estructurando vuestra rutina de modo que se sienta bien atendido. Dedicadle tiempo de forma individualizada y tratad de implicarlo en lo que hacéis. Cuando vea que contáis con una estructura segura de la que él forma parte, empezará a relajarse.

Muchos padres en seguida castigan a sus hijos por cosas como ésta. Así sólo consiguen aumentar la sensación de injusticia del niño. No obstante, si Adam continúa recurriendo a la agresividad después de que le prestéis una atención positiva, os aconsejo que uséis la *técnica del área de calmarse*. Cuando se porte mal, avisadlo de que si vuelve a hacerlo tendrá que pasar cinco minutos en el área de calmarse, para pensar sobre lo que ha hecho y pedir perdón (pág. 191). Las primeras fases de aplicación de cualquier método disciplinario son siempre muy complicadas, pero es importante que no os rindáis en ningún momento.

Consejo: Control de la furia
Conviene enseñar al niño a controlar su furia para evitar que ésta estalle. Muéstrale cómo expulsar el enfado. Indícale que inspire hondo y después espire contando hasta cinco. También puedes enseñarle a reducir la irritación y la tensión sacudiendo los brazos y las piernas.

N de Nutrir.

Nutre y satisface las necesidades afectivas de tus hijos.

P *Mi hija mayor, Sian, de nueve años, es una niña muy extrovertida, pero la pequeña, Sophie, que va a cumplir siete, es todo lo contrario. Es muy tímida con casi todo el mundo. Además, lloriquea mucho, y me desquicia. ¿Por qué no puede ser como su hermana? Las tratamos exactamente igual a las dos.*

R Tus dos hijas son distintas. Cada niño es un individuo. No puedes pretender que sean iguales. La paternidad consiste en trabajar con lo que tienes: reconocer el temperamento y la personalidad únicos de cada niño y adaptar vuestra forma de educarlos de modo que siempre respaldéis conductas positivas. Como es lógico, la coherencia es fundamental. No te digo que tengas normas distintas para cada niña; lo que digo es que puedes educar a tus dos hijas del mismo modo y enseñarles los mismos valores ajustando el planteamiento a la personalidad de cada una.

Por lo que dices, consideras a Sian una especie de modelo de comportamiento que esperas que Sophie imite. Y si para mí es tan obvio, seguramente también lo es para Sophie, que siente celos de toda la aprobación que recibe su hermana por su estable conducta. ¿Estás segura de que es tímida o utiliza la timidez como forma de imponerse y lograr que le hagáis más caso? ¿Qué relación tienen las niñas? ¿Sophie se ve siempre eclipsada por su hermana? ¿Le cuesta hacerse oír? Tu hija necesita contar con su propio espacio para desarrollar su individualidad sin que se la compare constantemente con su hermana. En algunos casos, la timidez es una forma de encubrir la pereza. ¿Deja Sophie que su hermana hable por ella?

Procura dedicar una atención individualizada a ambas niñas. Implica a Sophie en lo que hagas para aumentar su seguridad y su independencia. Disfruta de momentos especiales con ella: id de compras, haced alguna excursión o visitad a amigos o familiares. Busca algún rato para que invite a sus amigos cuando Sian no esté en casa, de modo que pueda desarrollar sus aptitudes sociales.

Algunos niños son menos extrovertidos por naturaleza: eso no es un defecto. Sin embargo, la timidez extrema puede ser un modo de buscar atención. No le des demasiada importancia, ni la conviertas en la protagonista cuando se porte así delante de otras personas.

¿Le exiges demasiado a Sophie? En el caso de los Minyon, una de las familias de *Supernanny*, los dos hijos, Frank y Skyler, se negaban a saludar a los amigos y familiares que iban de visita a la casa y más aún a hablar con ellos. Esto disgustaba mucho a sus padres, que no entendían que el derroche de simpatía que esperaban de sus hijos incomodaba a los niños. Los adultos no besamos y abrazamos a desconocidos. ¿Por qué pretendemos que lo hagan los niños?

Dibujé cuatro círculos de tiza concéntricos en el patio de la casa en representación de los distintos niveles de espacio vital con el fin de demostrar a los padres que presionaban demasiado a sus hijos en los acontecimientos sociales. Los cuatro círculos correspondían a cuatro tipos de saludo: el saludo a distancia con la mano, el apretón de manos, el abrazo y el beso. Cuando le pedí al padre que se sentará en el círculo central y me puse de pie delante de él, entendió lo intimidados que se sentían sus hijos cuando un adulto enorme se abalanzaba sobre ellos en busca de un beso o un abrazo. La conducta de la niña, Skyler, de cuatro años, era una forma de llamar la atención, así que con ella usamos muñecas para interpretar las distintas formas en que se saluda y se despide la gente, y después las pusimos en práctica en la puerta de entrada a la casa. La atención individualizada de ambos progenitores para cada uno de sus hijos contribuyó a aumentar su confianza en sí mismos y abrió las puertas de la comunicación. Por último, propuse a los padres que adoptaran el papel de observadores cuando tuvieran invitados en casa, de modo que los niños pudieran recibirlos a su manera sin sentirse presionados.

En lo que respecta al lloriqueo, es normal que te desquicie. Ésa es su finalidad. Hay dos tipos de lloriqueo: el primero es el goteo persistente destinado a hartarte («Porfa, porfa, porfa, porfa, andaaa...») y al que debes responder con un «Deja de pedírmelo»; el segundo es el lloriqueo tenue e impreciso del niño que habla para el cuello de su camisa («Quero abaaa», «¿Cómo dices?», «Quero abaaa», «¡Ah, que quieres agua!»).

Cuando Sophie lloriquee, no cedas (salvo que esté malita, claro). Imita su tono de voz quejumbroso. Los niños se parten de risa cuando los imitas en broma. Dile que te hable en un tono de voz normal. Explícale que no entiendes lo que dice cuando lloriquea. Si te pide algo que puedes darle, dile que se lo darás cuando te lo pida bien.

P de Personal.

La atención individualizada refuerza los vínculos entre los miembros de la unidad familiar.

P *¿Cuándo puedo empezar a enseñar a mi hija a ir al váter? Tiene diecinueve meses.*

R No se puede obligar a un niño a ir al váter. No son los padres quienes deben decidir el momento. Hay que detectar los síntomas de que el niño está preparado.

Intentar que el niño vaya al váter antes de que esté realmente preparado es un error. A algunos padres les obsesiona quitarles los pañales a sus hijos cuanto antes. Si empiezas demasiado pronto, el proceso será un auténtico suplicio. Si eliges el momento acertado, puedes conseguir que el niño vaya al váter en una semana, dos como mucho. En la mayoría de los casos, eso sucede entre los dos y los tres años, con lo que aún te queda bastante para empezar.

Hasta el año y medio, el niño aún no ha experimentado el desarrollo físico necesario para controlar sus esfínteres. Poco después, hacia los dos años, empieza a darse cuenta de que se hace pis o caca; es posible incluso que lo anuncie, antes o después de hacerlo. Para que puedas enseñarle a ir al váter, tu hijo tiene que ser capaz de comunicarse contigo en cierta medida; de ese modo, sabrá detectar los síntomas y te entenderá cuando lo animes a que vaya al váter. Probablemente se lo notes en la cara o en la postura mucho antes, pero, para que el proceso funcione, tiene que ser él quien te indique verbalmente que tiene ganas.

¿Cómo sabrás que ha llegado el momento? Una de las formas es mirarle los pañales: el pañal limpio y seco después de la siesta es un indicador claro de que el niño casi controla sus necesidades.

Como ya he dicho, me parece que aún te queda mucho para esa fase, pero puedes empezar a preparar a tu hija de otras formas para que el proceso resulte mucho más sencillo llegado el momento. Deja que vea que tú vas al baño. Explícale lo que haces. Enséñale para qué sirve el papel higiénico. Que te vea lavarte las manos después. Hazle entender que ir al váter es algo natural y normal en la vida cotidiana, no algo vergonzoso o asqueroso.

P *Llevamos ya unos seis meses intentando, intermitentemente, que nuestro hijo aprenda a usar el orinal. No hay forma, y sigue llevando pañales. Hace pis en el váter si lo pillamos a tiempo, pero, de lo contrario, no le importa lo más mínimo hacerse pis y caca en el pañal. Necesitamos consejo. Esperamos otro bebé para dentro de unos meses.*

R Recibo muchas cartas como la tuya. A los padres les angustia mucho conseguir que sus hijos vayan al váter y, cuando ellos se angustian, los niños lo detectan inmediatamente. Es preciso que los padres se relajen y demuestren a sus hijos que las necesidades fisiológicas son algo natural y no hay que avergonzarse de ellas. Forman parte de la vida. Si os planteáis la llegada del bebé como fecha tope, vuestro hijo se sentirá presionado y se resistirá aún más.

Muy posiblemente os hayáis precipitado. No hay dos niños iguales. Algunos están preparados a los dos años y medio e incluso antes; a otros les cuesta más llegar a ese punto. No obstante, a mi juicio, la clave en vuestro caso es ese «intermitentemente». Dejar de intentarlo para volver a probar al cabo del tiempo no contribuye a que el niño capte el mensaje, sino que más bien le otorga el control de la situación.

Te propongo lo siguiente:

- Explícale a tu hijo que tiene que ir al váter porque ya es un niño mayor.

- Quítale el pañal durante el día y ponle unos calzoncillos. Punto. No soy partidaria de las braguitas pañal: las medias tintas sólo confunden al niño. Ve con él a comprar su ropita interior, que tenga estampados de sus personajes de dibujos favoritos; les encanta. Hasta que consiga no hacerse nada encima durante el día, ponle pañal por la noche. Cuando pase varias noches sin manchar el pañal, estará listo para la siguiente fase.

- Mientras el niño aprende a ir solo al váter, vístelo con ropa cómoda (por ejemplo, pantalones de cintura elástica que se puedan bajar rápidamente). Si hace buen tiempo, déjalo que corra por la casa en calzoncillos o con pantaloncitos cortos. No se lo pongas más difícil.

- Equípate, si no lo has hecho ya, con dos orinales: uno para casa y otro de viaje. Que sean sencillos y básicos, nada de formas exóticas. Compra también un asiento de váter para niños. A algunos pequeños les aterra caerse dentro del inodoro; a otros les da miedo la cisterna. Deja que tu hijo elija: el orinal o el váter.

- Controla su ingesta de líquidos, sobre todo antes de ir a la cama. Estudia sus hábitos. No le des mucho de beber a última hora del día y evita el zumo de manzana (es diurético).

- Vigila al niño durante el día para saber cuándo tiene ganas de ir al váter. Pregúntale a intervalos regulares si quiere hacer pis o caca, pero sobre todo a primera hora de la mañana cuando se despierte, después de las comidas, antes de acostarlo y antes de salir de casa.

- La insistencia es la clave del éxito: «¿Tienes pis?», una y otra vez.

- Explícale lo que se siente cuando uno tiene ganas. No hace falta que entres en detalles, basta con que le digas que le parecerá que algo le aprieta la tripita y va bajando.

- Cuando por fin use el orinal o el váter, déjalo a su aire. No andes rondando a su alrededor ni lo interrumpas. A algunos niños les incomoda esta situación. Dale tiempo.

- Siempre que haga pis o caca en el váter, elógialo y anímalo mucho. Prepara un gráfico de estrellas para que vea sus progresos.

- Pon a prueba al niño fuera de casa, pero no lo conduzcas a un fracaso seguro con salidas o excursiones largas; sácalo un rato en el coche o id al parque, y llévate un orinal. Tu hijo debe aprender a prestar atención a sus necesidades fisiológicas y ser capaz de comunicártelas.

★ Nunca regañes o culpes al niño si se le escapa. No pasa nada. Es normal que se le escape si está distraído. Toma la iniciativa y proponle que vaya al váter antes de que se entretenga con una nueva actividad o cuando vayáis a salir de casa. Los padres que les ponen el pañal a sus hijos cuando van a viajar en coche aunque ya sepan ir al váter me sacan de quicio.

P *Mi hijo de cuatro años ya no se hace pis ni durante el día ni por la noche, pero a veces se hace caca encima y eso le disgusta mucho.*

R A algunos niños les cuesta más controlar la caca que el pis; a otros les pasa al revés. Los movimientos intestinales producen angustia a los pequeños; de alguna forma, la sensación de que algo se mueve por dentro les asusta, o quizá los resultados de esa actividad interna. En cualquier caso, se aguantan hasta que se les escapa.

Intenta encontrar la pauta. Los niños suelen hacerse caca encima (igual que se hacen pis en la cama) en períodos de cambio o tensión familiar como la llegada de un nuevo hermano o una mudanza. ¿Hay algo que le preocupe?

Estos pequeños accidentes también tienen lugar cuando el niño está malito o ha cambiado de alimentación. ¿Has introducido nuevos alimentos en su dieta últimamente? ¿No será alérgico a algún alimento concreto? ¿Sufre estreñimiento? Si es el caso, se lo notarás en la cara cuando intente hacer caca. Procura que coma bastante fruta y verduras y que beba suficiente líquido, o prueba a darle un baño de agua caliente para que se le relajen los músculos y facilitarle las cosas. Descarta todas las posibles causas de su comportamiento.

La mejor forma de resolver este problema es quitarle importancia. Prepárate para posibles accidentes: ten siempre a mano calzoncillos y pantalones limpios, y un paquete de toallitas higiénicas para no tener que andar buscándolos por toda la casa. No le metas prisa cuando se siente en el orinal. Dale ejemplo: demuéstrale que hacer caca no es ninguna tortura.

No lo castigues cuando se le escape, ni te vayas al extremo opuesto y lo tranquilices demasiado. Simplemente comenta lo sucedido, límpialo y no le des mayor importancia. Dile: «Se te ha escapado porque te has aguantado mucho. No pasa nada. A ver si la próxima vez lo puedes hacer en el orinal o en el váter.» Cuando por fin consiga hacerlo en el orinal o en el váter, elógialo mucho.

P *No consigo vestir a mi hija de tres años sin que la tengamos, pero se niega a hacerlo ella sola. Hasta ponerle los zapatos me cuesta un triunfo. Empieza a dar patadas al aire y luego sale corriendo y gritando. ¿Qué puedo hacer?*

R Tu hija tiene edad suficiente para vestirse sola. La terquedad que demuestra en este aspecto se debe al impulso natural del niño a procurarse la independencia. Conviene que lo potencies, en lugar de impedirle que adquiera las aptitudes que necesita para su desarrollo.

Muchos padres se muestran reacios a que sus hijos se vistan solos porque inevitablemente les supone más tiempo y esfuerzo. Cuenta con ello de antemano para poder implicar a tu hija en el proceso. Enséñale a abrocharse los botones o a ponerse la camiseta. Elógiala abundantemente: «¿Sabes meter el brazo por la manga? ¡Muy bien!», «A ver cómo te pones los calcetines. Sujeta el calcetín así y mete el pie por el agujero hasta el fondo.» Haz que le parezca un juego divertido. Enséñale cómo pasar la correa del zapato por la hebilla. Pídele que lo intente ella. Divide el proceso en pequeñas tareas, y elógiala constantemente. Esto es lo que yo llamo la **técnica del niño mayor**, perfecta para conseguir que los niños pequeños sean más independientes y se sientan realizados.

También es importante que le dejes claro que no vas a tolerarle una conducta agresiva. Si te da patadas o sale corriendo para montar una rabieta a continuación, usa la *técnica del rincón de pensar* (pág. 172) o la variante de ésta que mejor te funcione.

P de Premio.

Elogia mucho a tus hijos cuando hagan bien las cosas. Premia su buen comportamiento con una actitud positiva.

P ¿Qué se hace con un niño de vestir caprichoso? Sea cual sea la ocasión, mi hija de nueve años sólo quiere ponerse pantalones, especialmente vaqueros, y una de sus tres camisetas favoritas. Imagina lo que tengo que lavar. Tiene montones de ropa preciosa, pero no consigo que se la ponga. Me gustaría verla de vez en cuando con un bonito vestido.

R ¿Quién tiene un problema, tu hija o tú? Ella elige la ropa que le gusta y con la que se siente cómoda. Déjala. Mientras se vista adecuadamente para la estación del año, no esperes que comparta tus gustos ni que se vista como tú querrías. Relájate un poco y no te lo tomes tan en serio.

Un niño de vestir caprichoso no es el que expresa sus gustos, sino el que sólo se viste de azul, de verde o de rojo o quiere llevar la misma camiseta día sí y día también. Hay que acabar con esas obsesiones antes de que arraiguen, retirándole al niño la prenda en cuestión y no dándole la posibilidad de elegir en absoluto durante un tiempo.

En el caso de tu hija, yo no me obcecaría en ponerle un vestido si ella no quiere, pero procuraría ampliar sus opciones. Pídele que añada otras cuatro camisetas a sus tres favoritas para que no tengas que lavar más de una vez por semana.

P Vestir a nuestros hijos, Nina, de cuatro, y Nathan, de seis, es una auténtica pesadilla. Rechazan todo lo que les proponemos y terminan eligiendo prendas de lo más inadecuado. El otro día, el niño se fue al cole vestido con sólo una camisetita debajo del abrigo cuando estábamos bajo cero.

R Hay una forma fácil de resolver este problema: clasificar y separar la ropa de tus hijos por temporadas. Si es invierno, guarda la ropa de verano. También puedes separar la ropa informal de la de vestir. Procura que tus hijos tengan armarios y cajones distintos.

Consejo: ¿Quieres ponerte los pantalones azules hoy?

No preguntes a un niño pequeño qué quiere ponerse. Aún no dispone de la capacidad de raciocinio necesaria para tomar decisiones sensatas. Prepárale la ropa la noche anterior, dos opciones a lo sumo.

P *La pequeña de mis hijos, de dos años, odia el baño. ¿Qué puedo hacer?*

R ¿Seguro que es el baño lo que le disgusta o que le laves la cara y el pelo? ¿La bañas con sus hermanos? ¿Hay demasiada gente en la bañera para que la niña se sienta cómoda? ¿El agua está demasiado caliente o demasiado fría? ¿O es que asocia la hora del baño a la de acostarse? Lo primero que debes hacer es averiguar por qué tu hija no quiere bañarse.

Te propongo algunas formas de conseguir que el baño le resulte más agradable:

- Procura avisar a tu hija de que se acerca la hora del baño. Comunícaselo con tiempo y repetidas veces para que pueda mentalizarse. A veces puede parecer que el niño odia el baño, cuando en realidad su actitud es una forma de protesta por el cambio repentino de actividad. Hay que prepararlos del mismo modo para salir de la bañera.

- Usa una alfombrilla antideslizante para evitar accidentes, y procura que el agua no esté demasiado caliente.

- Si a tu hija no le gusta que le laves el pelo, ponle una visera de baño para evitar que el agua y el jabón le chorreen por la cara y se le metan en los ojos. A algunos niños les da miedo el cabezal de la ducha; en ese caso, usa una taza y avisa cuando vayas a verter el agua.

- Haz que la hora del baño resulte divertida con la ayuda de juegos y juguetes, ¡que se lo pase bien! También los baños de burbujas entusiasman a los más pequeños (e incluso a algunos adultos). Ten cuidado si la niña tiene una piel sensible.

- Si lo que ocurre es que a tu hija le da pánico el agua (y el pánico es una emoción difícil de ocultar), no la presiones. Refuerza su confianza metiéndola en la bañera con sólo unos dedos de agua y ve lavándola con una esponja. Aprovecha cualquier ocasión que se presente para que disfrute del agua: salpicaos bajo la lluvia con chubasquero, llévala a nadar o báñate con ella. A medida que pierda el miedo, ve llenando más la bañera.

- Hay que dar a los niños un poco de libertad en el baño, sobre todo si el agua les provoca inseguridad.

P de Promesa.

Una promesa sólo lo es si se cumple.

P Por mucho que lo intento, no consigo que nuestros tres hijos (de cinco, siete y diez años) se levanten, se vistan y se preparen a tiempo para ir al cole. Las mañanas son un caos. ¿Qué hacemos mal?

R ¿Les dejas suficiente tiempo? Los adultos podemos levantarnos, asearnos, vestirnos y salir pitando de casa en un periquete si hace falta. A los niños les cuesta más. Ajusta el horario para no tener que meterles prisa todas las mañanas, porque agobiándolos sólo conseguirás que tarden más. Procura que tus hijos no se acuesten demasiado tarde. La falta de sueño los ralentizará por la mañana.

También puedes mejorar la situación preparándolo todo la noche anterior. Prueba la *técnica del buen despertar* para animar a tus hijos a que asuman responsabilidades y sean más independientes.

CÓMO FUNCIONA LA TÉCNICA

- Ponle a cada uno de tus hijos su propio despertador y su propia lamparita.
- Escribe la rutina matinal en una cartulina y pégala en la pared cerca de los despertadores para que los niños sepan lo que tienen que hacer en cada momento.
- Que los niños elijan lo que van a ponerse o se preparen el uniforme la noche anterior. Prepárales también las mochilas.
- Por la mañana, entra en el dormitorio de los niños antes de que suenen los despertadores para el «predespertar». Enciende las lamparitas y despiértalos suavemente. Recuérdales que tienen que levantarse cuando suene el despertador.
- Cuando suene el despertador, los niños tendrán que levantarse, asearse y vestirse, pasar a desayunar, lavarse los dientes y prepararse para ir al cole.
- La clave de este método es elogiar y animar mucho a los niños cada vez que completen con éxito una de las fases de la rutina.

Probamos esta técnica con los Minyon. Cuando llegué, me sorprendió ver que Frank, el niño de siete años, aún no se vestía solo. Era por pura vagancia del niño y porque nadie lo había incentivado lo suficiente. Skyler, la niña de cuatro años, montaba tales follones todas las mañanas que para poder sacarla de casa hacía falta más de una hora. La madre tuvo que aprender a mantenerse al margen y dejar que sus hijos se vistieran solos, que no es fácil cuando se está acostumbrado a batallar con ellos. Skyler continuó poniendo a prueba el control de la situación por parte de su madre, pero Danielle se mantuvo firme, y una mañana Skyler se fue al cole en pijama. Al final, ambos niños captaron el mensaje.

Otra versión de la *técnica del buen despertar* es la *gráfica de levantarse y ponerse en marcha*. La idea básica es la misma: les preparas la ropa y las mochilas por la noche y los animas a que sigan la rutina paso a paso, sólo que en este caso se usa una gráfica de imágenes. En el eje horizontal de la gráfica, hay imágenes de cada paso que el niño debe dar: levantarse, asearse, vestirse, tomarse el desayuno y lavarse los dientes. Cada vez que el niño complete una fase, coloca su foto debajo de la imagen de dicha fase. Los padres deben elogiar constantemente al niño cuando complete satisfactoriamente una de las fases. La palabra clave es «responsabilidad». Lo que se pretende es incentivar a los niños para que adquieran aptitudes vitales importantes.

Consejo: Organízate

Si te cuesta salir a tiempo de casa con los niños, no compliques las cosas más de lo necesario. Prepárate tú primero y deja siempre las llaves, el bolso, los zapatos y demás en el mismo sitio para que no tengas que andar buscándolos por toda la casa. Si vivís en una casa de dos plantas con baño en ambas, deja otro juego de cepillos y toallitas en el de la planta baja para que tus hijos puedan asearse rápidamente después del desayuno.

P *Ahora que mis hijos son un poco mayores, les dejo que salgan a jugar a la calle solos, porque tenemos un parque cerca. Últimamente cada vez vuelven más tarde, y no me hacen ni caso cuando los llamo. ¿Les retiro el privilegio y les prohíbo salir si no van conmigo?*

R Los niños necesitan aire fresco y mucho tiempo para correr por ahí y desfogarse. En tu caso, yo no les retiraría el privilegio, les enseñaría que deben volver cuando los llamas.

Para eso, te propongo la **técnica de la confianza**, una variante de la *técnica del STOP* (pág. 136), pero para niños mayores que saben decir la hora.

CÓMO FUNCIONA LA TÉCNICA

- Asegúrate de que todos tus hijos llevan reloj y de que éstos están sincronizados.
- Diles a los niños que pueden salir a jugar quince minutos y que después deben volver a casa.
- Si vuelven a los quince minutos, diles que pueden salir otros veinte. Ese pequeño incremento horario es una muestra de confianza.
- La recompensa por hacer lo que les dices es que pueden jugar más rato. Sigue aplicando la técnica hasta que recuperes la confianza por completo.

P El menor de mis hijos, Mikey, tiene la mala costumbre de salir corriendo cuando estamos en el parque. También lo hace en el centro comercial. Me aterra pensar que cualquier día de éstos lo voy a perder o le va a pasar algo. A él le parece divertido y no me hace ni caso. Tiene cuatro años y ya no quiere ir en la sillita.

R Los niños pequeños suelen poner a prueba los límites de sus padres de esta forma. Es normal que a tu hijo le resulte divertido que lo pilles cuando sale corriendo. Es un juego, y así le haces mucho más caso.

Tienes que enseñarle que no debe salir corriendo a donde no puedas verlo, que entienda que puede ser peligroso. Por otra parte, ya es suficientemente mayor para que le des un poco de libertad. No me extraña que no quiera ir en la sillita: no es un bebé. Me da la impresión de que usas la silla como instrumento de contención, por eso sale disparado en cuanto puede.

Una de las soluciones que usamos en *Supernanny* es la **técnica del STOP**.

CÓMO FUNCIONA LA TÉCNICA

- Dile a tu hijo que puede andar solito, pero que tiene que pararse y quedarse donde esté cuando levantes la mano y digas: «¡STOP!». Usa un tono bajo y autoritario, que el niño no detecte angustia, enfado o miedo en tu voz.
- Déjalo que avance un poco y luego di: «¡STOP!». Si se para y te espera, elógialo y permítele continuar. Si no se para, ve a buscarlo y dile que te dé la mano o se agarre a la sillita durante cuatro minutos.
- Cuando pasen los cuatro minutos, déjalo que vuelva a caminar solo.
- Con este método se consigue aumentar poco a poco la confianza. El niño verá que le das más libertad dentro de unos límites, y la mayor independencia que le proporcionas servirá para potenciar su autoestima.

Consejo: «¡STOP!»

Si tus hijos pululan por zonas de la casa en las que no quieres que estén solos (como el despacho, el garaje o el taller), no cierres las puertas con llave. Pon una señal grande de STOP en cada puerta y enséñales que cuando vean ese cartel deben ir a buscar a un adulto para poder entrar en esa habitación. Así aprenden a ser responsables. También puedes poner una señal de STOP en la parte interior de la puerta de la calle si entre los tuyos hay algún escapista, pero, en ese caso, cierra la puerta con llave. No conviene correr el riesgo de que los atropelle un coche o les pase algo.

P *Nuestros hijos se portan muy bien en casa. Fuera es otra historia. No podemos llevarlos a ninguna parte sin que la armen, pero lo peor es cuando los llevamos de compras. En cuanto salimos de casa, se transforman en una especie de alienígenas salvajes. Para volverse loco.*

R No sabría decirte cuántas cartas y cuántos correos electrónicos recibo de padres en vuestra situación. Los niños, en casa, bien; fuera es otro asunto. ¿Por qué es tan corriente este problema?

A mi juicio, una de las cosas que deben hacer los padres en estos casos es examinar su propio comportamiento cuando salen con los niños. ¿Qué hacéis cuando los niños empiezan a portarse mal? ¿Los castigáis? ¿O más bien os encogéis de vergüenza y rezáis para que os trague la tierra? A menudo son los propios padres los que manifiestan su temor a que los niños les monten el numerito nada más salir de casa: «¡Vamos al súper, y no quiero que la liéis esta vez!» Es como pedirles que se porten mal.

Si tus hijos se portan bien en casa, está claro que les impones cierta disciplina. ¿Por qué no continúas usando los mismos métodos en público? En estos casos, les propongo a los padres la *técnica del rincón de pensar ambulante* para atajar el mal comportamiento fuera de casa; funciona exactamente igual que el rincón de pensar (pág. 172). Da igual dónde estéis. Normalmente el peor trago para los padres es superar su propia vergüenza.

Sin embargo, piénsalo un momento: ¿qué te avergüenza más, quedarte mirando mientras tus hijos la arman o saltar a la palestra y asumir la responsabilidad de controlar su comportamiento? No te preocupes por la reacción de otras personas. Son tus hijos, no suyos.

También hay padres que empeoran las cosas al esperar de sus hijos más de lo razonable.

Conviene que tengas en cuenta lo siguiente:

- Elige la hora apropiada para las salidas, que no interfiera en las comidas o el cambio de pañales. Por ejemplo, ir a la compra con tus hijos cuando ya están cansados o se han pasado el día en el cole no es justo. Los niños son más propensos a tener rabietas o portarse mal cuando están cansados o tienen hambre.

- No incumplas tus promesas. Si les has dicho a tus hijos que los vas a llevar al parque después de hacer la compra en el súper, hazlo y dales su premio. No te desentiendas porque te conviene.

Consejo: Comer fuera

No esperes que tu hijo pequeño aguante toda una comida en un restaurante si no lo distraes con algo. Llévate algún cuento para colorear, una libreta y unas pinturas. Sé realista en cuanto al tipo de restaurante elegido y al tiempo que pases en él. No hay niño que aguante como un angelote durante horas mientras su padre o su madre cotorrean sin parar con el amigo de turno.

★ Si te llevas a los niños a algún espectáculo, explícales primero de qué va. He visto a padres arrastrar a sus hijos a conciertos y actos con los que claramente iban a tentar la paciencia de los niños. Trata de verlo desde el punto de vista de los pequeños. Quizá les haga ilusión acudir a un espectáculo y, al llegar al lugar, se sientan abrumados por la muchedumbre, el ruido y la perspectiva de tener que pasar allí sentados mucho tiempo. Prepáralos con antelación. Si su capacidad de concentración es escasa, no esperes que estén quietecitos durante todo el espectáculo. Llévalos a ver algo más adecuado para su edad: por eso los números de guiñol nunca duran más de media hora.

★ Cuando vayas al súper, prueba la **técnica de la implicación** para evitar que se te desmanden. Si tus hijos saben leer, haz una lista de la compra para cada uno. Si son pequeños y aún no saben leer, dibújales los productos que quieres que busquen: plátanos, pan, leche, zumo de naranja. Procura incluir en la lista artículos de todos los pasillos, para tenerlos entretenidos el tiempo que estés en el establecimiento.

A veces asigno a los niños tareas distintas. Con los Bixley, por ejemplo, a Zack, el más pequeño, le encargué que buscara los artículos y los metiera en el carro, mientras el mayor, Brandon, iba sumando los precios con una calculadora de bolsillo. Hasta entonces, los dos niños habían sido el terror del súper, pero la técnica obró el milagro. Se sentían muy satisfechos de sí mismos.

Los niños también suelen desmandarse en los centros comerciales. Los más pequeños no pueden resistir la tentación de ir corriendo de aquí para allá, y los mayores se ven bombardeados por cantidad de cosas que les encantaría tener. Una sobredosis sensorial.

Déjales claro lo que vas a comprar antes de salir de casa: «Vamos a comprar un regalo de cumpleaños para la abuela y un albornoz nuevo para papá. Hoy no vamos a comprar juguetes, pero después iremos a la piscina». Impón límites claros. Mirar escaparates no es un concepto que un niño pequeño pueda entender, pero darse un capricho de vez en cuando tampoco hace daño a nadie.

Consejo: De vacaciones

Sé realista en cuanto al aguante de tus hijos cuando vayáis de vacaciones u organicéis una salida en familia. Procura no cambiar los horarios de las comidas ni la hora de acostarse. Si son las nueve de la noche y tu hijo se ha dormido en la sillita mientras cenáis fuera, no pasa nada, pero tener a los niños levantados hasta las tantas no es justo para ellos. Recurre a la canguro del hotel.

P *Mis hijos (de siete y cinco años) siempre se pelean en el coche, sobre todo cuando vamos a casa de mis padres, que viven a una hora y media de casa. Cuando llegamos, estoy tan harta de su comportamiento que me dan ganas de coger el coche y volverme a casa.*

R Nueve de cada diez niños se portan mal en el coche porque se aburren. Saben que estás pendiente de la carretera, y eso les proporciona la ocasión perfecta para tontear con sus hermanos, lo que sea por entretenerse un rato. Intenta verlo desde su punto de vista. Una hora y media es mucho tiempo para estar atado al asiento de un coche sin nada más que hacer. Un estudio realizado recientemente por la ONG Raising Kids revela que un niño sólo aguanta doce minutos en el coche antes de empezar a aburrirse como una ostra. ¿Doce minutos? Con eso no pasas del primer semáforo.

La mejor forma de hacer frente al mal comportamiento en este tipo de situaciones es prevenirlo.

Te propongo lo siguiente:

- Los CD de cuentos son estupendos para mantener a los niños absortos en su propio mundo. También puedes grabarles a tus hijos un CD con sus canciones favoritas y animarlos a que las canten. No tienen por qué ser canciones infantiles; hay temas pop divertidos de cantar que pueden amenizarles el trayecto.

- Prueba a jugar al bingo. Dale a cada uno de tus hijos un cartón de bingo con dibujos o imágenes de la clase de cosas que puede verse por la ventanilla de un coche. Cada vez que vean uno de los objetos de su cartón, le ponen una cruz al lado.

- Sugiere a tus hijos que localicen matrículas de coches extranjeros, por ejemplo. A ver cuántas encuentran. ¿Cuántas terminan en A o Z, o empiezan por cero o seis?

- Si vas conduciendo, no puedes girarte para jugar con tus hijos, pero puedes hablarles. En *Supernanny*, los tres chicos de los Amaral se portaban de pena en el coche durante los viajes, y se atizaban constantemente en la cabeza. Para corregir su conducta, bastó con que el padre iniciara una conversación sobre el paisaje que recorrían. Los niños no tardaron en empezar a hacer preguntas e interesarse por las respuestas. Prueba suerte con un tema cualquiera.

Consejo: Viajes

Cuando hagas un viaje largo en coche con los niños, procura parar cada dos horas para que los niños puedan estirar las piernas, desfogarse un poco y, por supuesto, ir al baño. Si viajas en tren o en avión, lleva siempre un bolso de viaje con juegos y actividades para mantener entretenidos a tus hijos: puzles, papel y pinturas, cuentos y versiones de viaje de sus juegos favoritos. También puedes comprarles algún capricho (un juguete nuevo, por ejemplo) y dárselo a mitad de camino como sorpresa.

P *A mi hija de cinco años le cuesta mucho habituarse a nuevos lugares. Por eso, cuando llega la hora de marcharse, no quiere venir. La última vez que fuimos a ver a mi amiga, tuve que arrastrarla a la puerta de casa en medio de una pataleta.*

R En primer lugar, es muy importante que no sacrifiques tu vida social por la conducta de tu hija. Debe aprender a comportarse fuera de casa y a sentirse cómoda en lugares nuevos. Para reforzar su confianza, conviene que la lleves con frecuencia a sitios distintos.

Ayúdala a sentirse a gusto: siéntate a su lado y empieza a jugar con ella y con los otros niños (si los hay) hasta que esté distraída y contenta. Cuanto menos tarde en habituarse, menos le costará dejar el juego cuando tengáis que volver a casa. Procura repetir la experiencia con el mismo lugar, amigo o familiar durante un tiempo para que la niña se acostumbre antes.

Analiza tu propio comportamiento. ¿Cómo actúas cuando va a algún sitio por primera vez? ¿Te sientes segura y tranquila, o te pones nerviosa? Los niños detectan en seguida este tipo de cosas en el comportamiento de sus padres. Sé un buen ejemplo para tu hija, de ese modo sentirá menos apego y temor. No le hagas más caso cuando se ponga tontorrona, porque lo entenderá como un premio a la actitud que precisamente quieres erradicar.

Cuando sea hora de marcharos, avisa a tu hija con antelación. A los niños les cuesta dejar lo que están haciendo y cambiar de actividad. Dile que os vais en cinco minutos. Luego dile que os vais en tres y que se ponga los zapatos, el abrigo y se despida. Ve diciéndole en todo momento lo que tenéis que hacer antes de marcharos para que no la pille desprevenida.

R de Reto.

La paternidad, por todo lo que comporta, en ocasiones puede parecernos un reto muy complicado. Por todo ello, disfruta de todos los momentos especiales.

P *Mi hijo de cuatro años empieza a ir a la guardería el mes que viene. ¿Cómo lo preparo para su primer día?*

R Más bien ¿cómo te preparas tú? Es la respuesta que siempre doy.

El primer día de colegio suele ser abrumador para padres e hijos. El niño se enfrenta de pronto a una nueva rutina, caras nuevas y nuevas experiencias. Para ti significa el fin de una etapa y el comienzo de otra. A muchos padres se les hace inevitablemente un nudo en la garganta cuando su «bebé» va al cole por primera vez. No olvides que, aunque tengas sentimientos encontrados, debes mostrar entereza y tranquilidad ante tu hijo para que no detecte en ti tensión o angustia. Hay niños que se sienten en el cole como patos en el agua; otros tardan más en adaptarse. Si das a entender a tu hijo que la experiencia te parece trascendental, le contagiarás tu preocupación.

Te propongo lo siguiente para suavizar la transición:

- Ve de visita a la guardería y enséñasela a tu hijo: dónde se dejan los abrigos, dónde está el rincón de los cuentos, dónde están los baños, las actividades que hay. Cuéntale todas las cosas divertidas que va a hacer. En muchas guarderías se celebran jornadas de puertas abiertas durante las que los niños pueden familiarizarse con las instalaciones; si no, siempre puedes preguntar si hay algún problema en que lleves al niño algún día.

- Si no lo has hecho ya, acostumbra a tu hijo a quedarse con otra persona algunos ratos durante el día. Contrata una canguro o pídele a algún familiar que vaya a tu casa y cuide del niño un rato, o mejor aún llévalo a casa de una amiga o de tus padres para que se acostumbre a la idea de estar sin ti en un entorno menos familiar.

- Procura establecer una buena rutina de acostarse para que tu hijo duerma lo suficiente. Pretender que un niño cansado se habitúe a ir a la guardería es una tarea complicada.

- Practica también la rutina matinal. Usa la *técnica del buen despertar* (pág. 134) si a tu hijo le cuesta vestirse y prepararse por las mañanas.

- Prueba a jugar a los colegios con tu hijo, que él sea el profe. Hay libros infantiles muy buenos que ayudan a preparar a los niños para esta nueva experiencia.

- Cuando tu hijo empiece a ir a la guardería, haz el esfuerzo de reunir a otros padres con sus hijos en casa para merendar.

P *¿Qué se hace cuando tu encantadora hija de siete años de pronto se comporta como una adolescente y descubre el sarcasmo a lo grande? El rincón de pensar ha dejado de funcionarme. ¿Qué medidas puedo tomar sin ser demasiado severa?*

R El sarcasmo es una de esas zonas grises de la paternidad que se define en el seno de cada familia. En algunas, forma parte de su sentido del humor.

Sin embargo, el sarcasmo no siempre es divertido. Es una cuestión de tono e intención. A veces se trata de una réplica hiriente e irrespetuosa. Cuando tu hija sea sarcástica contigo, decide si se trata de una gracia o una grosería.

«Sí, claro, lo que tú digas.» Los niños aprenden este lenguaje impreciso de la tele, los libros y el cine: forma parte ineludible de nuestra cultura. Pero también lo copian de sus compañeros, y de sus padres. ¿Te vales a menudo del sarcasmo? Quizá tu hija lo haya aprendido en casa. Observa tu tono de voz y procura no darle mal ejemplo.

Si la niña usa el sarcasmo para ser grosera, debes enseñarle que no está bien que te hable así, o empezará a emplearlo con otras personas: profesores, amigos o parientes. La próxima vez que tu hija te hable mal, dile que no debe usar ese tono de voz para dirigirse a ti. Prueba a imitar su réplica en broma para que vea lo que quieres decir. Explícale que su sarcasmo es una falta de respeto.

No veo razón para que no la sanciones y le pidas que piense en lo que ha dicho y el tono que ha empleado. No es una cuestión de severidad: se trata de que tu hija aprenda cómo debe portarse con sus semejantes, incluidos sus padres.

R *de Respeto.*

Proporciona a tus hijos la orientación que precisan para respetarse a sí mismos y a los demás.

P *Nuestro hijo de cuatro años ha empezado a decir mentiras. Cuando hace algo malo, no quiere admitirlo, aunque lo pillemos con las manos en la masa. ¿Qué hacemos? ¿Lo castigamos por mentir?*

R Cuando enseñamos a un niño a no mentir, lo que hacemos es pedirle que se responsabilice de sus actos. A los niños muy pequeños les cuesta separar la realidad de la fantasía. Tu hijo es suficientemente mayor e inteligente para haberse dado cuenta de que las mentiras lo sacan de situaciones engorrosas.

Tu forma de comunicarte con él es fundamental. Cuando los padres se enfadan mucho («¿Has sido tú?»), sus hijos recurren a la mentira por miedo. Insta a tu hijo a que sea franco: «Mamá quiere saber la verdad de lo que ha pasado aquí.» Si hace algo malo, castígalo como siempre y procura que pida perdón por lo que ha hecho, pero no lo castigues también por mentir, ni le pongas etiquetas, ni le hagas frente hecha una furia. Es preferible que le digas que hay que decir siempre la verdad y ser sincero con los demás. Se trata de una cuestión de principios.

Algunos niños mienten para llamar la atención cuando se sienten desplazados. En *Supernanny*, Kate, la niña de cuatro años de los Tsironis, aseguraba que tenía calambres en los pies constantemente. El dolor parecía auténtico, tan creíble como las lágrimas que le caían por la cara. Sin embargo, ante el modo en que los gemelos de tres años absorbían la atención de sus padres, a mí los calambres de Kate me parecían una forma automática de recuperar el protagonismo. La llevé a un aparte y le pregunté si de verdad tenía calambres o era sólo una forma de conseguir que mamá la achuchara. Kate no llegó a admitir que los calambres eran falsos (no hacía falta: ¡era más que obvio!), pero dijo: «Sólo quiero estar con mami.»

S de Saber compartir.

Compartir es la clave para las habilidades sociales y de las relaciones personales sólidas.

P Me cuesta un triunfo conseguir que mi hijo de siete años haga los deberes. Por más que le insisto en que se ponga a ello, al final siempre lo deja para última hora de la noche y entonces ya está demasiado cansado para concentrarse. Su profesor me asegura que va bien.

R Aunque se trate de los deberes de vuestros hijos, como padres, debéis tomar la iniciativa. Regañando al niño no consigues nada. Tampoco sirve dejar que la rutina de acostarse se vaya al garete.

Busca un rato para hacer los deberes con tu hijo. Dale una hora o así para que se desfogue y se divierta un poco después del cole; luego, siéntate con él en un sitio tranquilo, consigue que empiece a hacer los deberes y déjalo que siga solo.

¿Le cuesta mucho hacer los deberes? ¿Tarda en terminarlos? Habla con su profesor y, si tu hijo tiene dificultades en alguna área concreta, busca el modo de ayudarlo en casa.

P Nuestros hijos preadolescentes se portan bastante bien y disfrutamos mucho con ellos, pero no consigo que ayuden en casa. ¿Son vagos o es que tengo que dejarlos disfrutar de su infancia mientras puedan?

R Todo depende de si eso te supone un problema o no. Si vosotros sois felices y ellos también, fenomenal. En familias grandes, a los hijos no les queda más remedio que ayudar más.

No obstante, ayudar es una forma de aprender a asumir responsabilidades. Tus hijos necesitan que se les dé la oportunidad de adquirir las habilidades que necesitarán cuando se vayan de casa. No esperes a que vayan a la universidad para enseñarles la utilidad de los botones de la lavadora.

Hay muchas tareas sencillas de las que pueden encargarse: recoger lo que sacan, hacerse la cama, sacar la basura, poner la mesa, ayudar en la cocina... La ejecución satisfactoria de esas tareas domésticas puede ser una forma de potenciar y reforzar la confianza y la autoestima de los niños. Prepara una cartulina con una lista de las tareas domésticas en las que te gustaría que te ayudaran tus hijos, y pídeles que las tachen según las vayan terminando. Luego puedes añadir tus comentarios para animarlos a que continúen ayudándote. Cuando las cosas se hacen entre todos, la vida familiar es mucho más fácil. Es otra forma de estar juntos.

5 Cuando algo no va bien

La vida no es un lecho de rosas. Todas las familias se encuentran con un bache alguna vez. A menudo no puede controlarse lo que ocurre. Así es la vida. Cuando sucede algo inesperado, ¿qué hay que hacer? ¿Cómo ayudar a los niños en épocas difíciles? ¿Cómo instarlos a que piensen por sí mismos y tomen decisiones juiciosas?

En momentos de crisis, tus hijos acudirán a ti más que nunca. Quizá te resulte angustioso porque apoyarlos y satisfacer sus necesidades habituales ya te deja al límite de tus fuerzas. Tendrás que hacer cuanto esté en tu mano por procurarte ayuda, si es necesario, para poder pasar el bache de la mejor forma posible: grupos especiales, servicios de asistencia telefónica o por Internet, asistentes sociales u organizaciones benéficas, profesionales médicos, sacerdotes, amigos o familiares, o una combinación de cualquiera de los anteriores. Lo importante es que sepas que hay quien puede ayudarte. Procurar los medios para que la familia no sufra más de lo inevitable forma parte de las responsabilidades de un progenitor comprometido. No es un signo de debilidad ni de fracaso pedir socorro. Después de todo, ése es el espíritu y la finalidad de este libro.

Aun cuando te veas en medio de un túnel oscuro, es fundamental que cuentes con alguien que te escuche. Aunque tus sentimientos te aíslen y los demás no sepan realmente por lo que estás pasando si no les ha ocurrido a ellos, un oído compasivo puede ser suficiente para mantenerte en pie. Cuando se está en crisis, no sólo hay que administrar bien el tiempo, sino también la energía. Con la ayuda adecuada, podrás recuperar la energía perdida y seguir adelante.

Quizá las cosas se pongan feas, pero no tienen por qué tener repercusiones negativas. Una crisis sacude los cimientos de la familia, pero también constituye una experiencia positiva de la que vendrán cosas buenas: las dificultades terminan por reforzar la unidad familiar. Te resultará más fácil salir del agujero si asumes las responsabilidades necesarias y no dejas que el sentimiento de culpa se apodere de ti. Hay cosas inevitables. He conocido a padres que seguían fustigándose años después de que sucediera algo completamente ajeno a su voluntad: un parto difícil, una horrible enfermedad infantil o el diagnóstico de cuidados especiales. Sin embargo, cuando los padres detectan cuestiones que debían haber resuelto mejor, el sentimiento de culpa no resuelve el problema actual. Todos cometemos errores. Somos humanos. Hay que afrontar el presente y no refugiarse en el pasado ni negarse a olvidar o pretender reescribir la historia.

Creo firmemente que un error deja de serlo cuando aprendes algo de él. Supón que vas por una carretera, llegas a un cruce y tomas el desvío de la izquierda. Resulta que conduce a un camino cortado. Das la vuelta y tomas el otro desvío. La vida es igual. El único error sería tomar siempre el desvío que conduce al camino cortado.

Si te angustia un problema surgido de la nada, quizá te tiente dejar de lado a tus hijos mientras resuelves lo que realmente te atormenta. Tal vez te digas que lo sucedido no los afecta o que no lo entenderían porque son demasiado pequeños. No es así. A veces los niños parecen tener un sexto sentido: se enteran de todo, si no es por lo que dices, por el tono en que lo dices o por tu lenguaje corporal. No los subestimes. No aireéis vuestras diferencias, desacuerdos o preocupaciones de pareja delante de ellos: mantened las conversaciones de adultos en un terreno neutral donde no puedan oírlas. Procura respetar la rutina en la medida de lo posible para no desbaratar la dinámica familiar. Transcurrido un tiempo prudencial, explícales a tus hijos lo sucedido con palabras sencillas que puedan entender, sin dejarte llevar por la furia o el sentimiento de culpa, ni dejar en mal lugar a tu pareja. El silencio alienta a los niños a extraer sus propias conclusiones. Quizá pienses que es mejor para ellos, pero su imaginación se desbordará: «Mamá y papá están tristes y no son felices. ¿Será por mi culpa?»

En los momentos difíciles, los niños suelen culparse. Posiblemente se vuelvan más rebeldes o incluso se pasen al extremo opuesto y se vuelvan buenísimos como consecuencia de la inestabilidad que perciben en casa. Tendrás que hacerles ver que no es culpa suya y seguir siendo el progenitor al que puedan acudir. Tampoco conviene que sobrecargues innecesariamente a tus hijos con datos o información que no les incumben. Peor aún: no caigas en la trapa de buscar consuelo en ellos. El adulto eres tú; no fuerces a tus hijos a representar un papel que no les corresponde. Si los obligas a proporcionarte el apoyo de un amigo o los sobrecargas con demasiados detalles, te pasarán factura en el futuro.

Posiblemente los problemas y la angustia derivada de ellos te desorienten y no sepas qué dirección tomar. Si las cosas van mal, quizá tu pareja y tú no estéis de acuerdo sobre el modo de actuar. En cuanto te descuides, habréis perdido el control del barco. En situaciones así, más que nunca, debéis dialogar y acordar un planteamiento común. Por los niños.

Temas y técnicas tratados en este capítulo:

MUDANZA, cómo preparar a los niños.
TENSIONES FAMILIARES, cuando se hacen malabarismos.
TÉCNICA DE LA IMPLICACIÓN, cómo preparar a tu hijo para el nacimiento de su hermanito.
SEPARACIÓN Y DIVORCIO
PADRES PUTATIVOS
NIÑOS CON NECESIDADES ESPECIALES
PÉRDIDA DE UN SER QUERIDO, cómo ayudar a tus hijos a superarlo.

P Por el trabajo de mi marido, vamos a tener que mudarnos a otra parte del país. Me preocupa el efecto que esto pueda tener en nuestros tres hijos. Aisha tiene once años y acaba de empezar la educación secundaria; Jared tiene ocho; y Jay, el pequeño, tres. Aún no les hemos dicho nada, porque se acaban de ultimar los detalles, pero, por lo visto, vamos a tener que mudarnos un poco antes de lo que pensábamos. ¿Cómo les contamos a los niños que van a empezar una nueva vida en un lugar distinto?

R Por el tono de tu carta deduzco que a ti tampoco te apetece mucho mudarte. Conozco un caso parecido al vuestro en el que a la madre le preocupaba tanto el modo en que afectaría la inminente mudanza a sus dos hijos que se deshizo tranquilizándolos. Lo que consiguió fue que los niños pensaran que a ella tampoco le entusiasmaba la idea.

En este tipo de situaciones, los niños se inspiran en sus padres, y si tú te planteas la mudanza con cierta reticencia, tus hijos lo detectarán. Posiblemente ya se hayan dado cuenta de que algo pasa: no es fácil enmascarar novedades tan importantes como un cambio de trabajo o una mudanza. Incluso puede que descubras que los dos mayores saben más de lo que pensabas. No se lo ocultéis más.

Antes de darles la noticia a los niños, habla tranquilamente con tu marido, preferiblemente fuera de casa, y decidid el modo de enfatizar los aspectos positivos del cambio que se avecina. ¿Qué ventajas tiene la nueva ubicación? ¿Qué nuevas actividades podrán realizar tus hijos? Hazte con la mayor cantidad posible de información sobre la zona: ¿a qué colegios irán tus pequeños?, ¿dónde viviréis? Cuantas más respuestas puedas darles en esta fase, menos les angustiará el cambio. Una mudanza, un cambio de colegio y el traslado a una zona distinta arrojan al aire muchos interrogantes.

Reúne a tus hijos y plantéales la situación. Sé positiva. Demuéstrales lo mucho que te ilusiona la mudanza. Diles que será una experiencia nueva emocionante para toda la familia. Muéstrate relajada y segura. No les estás vendiendo la idea: se trata de un hecho innegociable. Los cambios inquietan a muchos niños, a algunos más que a otros, pero saber afrontarlos es una aptitud vital básica. Incluso a los padres les cuesta a veces. Convéncelos de que la mudanza tendrá sus ventajas, no sólo inconvenientes. Quizá puedan tener por fin el perro que tanto querían. Tal vez la casa nueva tenga un jardín enorme. O a ti el trabajo te quedará más cerca y podrás pasar más tiempo con ellos.

Procura que no se preocupen innecesariamente. Diles que podrán invitar a sus amigos a pasar unos días en casa, que no tendrán problema para mantenerse en contacto con ellos y que, además, harán amigos nuevos.

Dales tiempo para que asimilen la noticia y reaccionen: es un gran paso y necesitan digerirlo. No los presiones, pero estate preparada para cuando quieran hablar de ello. A veces los niños insisten en una cuestión hasta que se les da la respuesta que esperan. En ese caso, continúa con la conversación y cambia de tema. Cuando tu marido y tú les hayáis comunicado la noticia a los niños conjuntamente, procurar hablar con cada uno de vuestros hijos individualmente para mantener las líneas de comunicación abiertas. Validad sus sentimientos. Puede que al principio estén tristes, enfadados o confundidos por lo que va a pasar, sobre todo si es la primera vez que os mudáis de casa, pero no hay por qué esperar lo peor: quizá os encontréis con que a los niños les entusiasma la idea.

Una vez os hayáis mudado, procurad aprovechar cualquier ocasión para salir y conocer gente: aceptad invitaciones de vecinos, acudid a eventos en los colegios de vuestros hijos, apuntaos a algún club o iniciad actividades de carácter social. Hay que echar raíces. Algunas familias reaccionan a una mudanza importante aislándose en su unidad familiar, con lo que los niños entienden que su nuevo hogar constituye una amenaza. Sed optimistas y afrontad los desafíos con confianza para que vuestros hijos puedan seguir el ejemplo.

No obstante, conviene que les deis tiempo para que se habitúen a su nuevo entorno y se familiaricen con sus cuartos y la disposición de la nueva casa. Si es posible, monta las habitaciones de tus hijos antes de desempaquetar el resto de las cajas. Saca sus juguetes y sus cosas favoritas para que cuenten con su pequeño santuario y puedan empezar a adaptarse.

S de Sabiduría.

La sabiduría nace de la experiencia y de la valentía de dar un paso adelante aunque se comentan errores. No los repitas, aprende de ellos.

P Hace dos años mi marido dejó su empleo para montar su propia empresa. Entonces empezamos a ir bastante justos de dinero, así que, para poder pagar las facturas, tuve que buscar un trabajo de media jornada hasta que la empresa fuera mejor. Pero hace unos meses a nuestra hija de cuatro años le detectaron un problema en la vista para cuyo tratamiento hemos tenido que estar de hospitales. La niña mejora poco a poco, pero aún tengo que llevarla periódicamente a revisión. El problema es nuestro hijo de nueve años, Daniel. Iba muy bien en el cole hasta hace nada. La semana pasada tuve que ir a hablar con su profesor, que me dijo que le había dado por pelearse con otros niños en el patio y hablar en clase. Tengo la sensación de que he fracasado como madre. No puedo dejar mi trabajo, pero tampoco puedo estar en diez sitios a la vez. ¿Qué hago?

R Un trabajo de media jornada, revisiones periódicas en el hospital, apuros económicos y tu marido trabajando en casa: llevas un buen fardo encima. Y no sólo tú, toda la familia. Las madres siempre están dispuestas a cargar con todo. No has fracasado, sólo te ves sobrepasada.

Cuando sucede de pronto algo como lo de tu hija, y la situación familiar ya es apurada, no resulta fácil relajarse para poder tener una visión de conjunto. Sin embargo, ahora que la niña ha empezado a mejorar, debes sentarte a hablar tranquilamente con tu marido sobre el modo de repartiros la carga. Aunque él trabaje mucho para sostener su empresa, al menos está en casa. Seguramente su horario es más flexible. Turnaos para llevar a la niña a revisión y buscad otras formas de colaborar con el fin de mantener en pie la rutina doméstica sin generar resentimiento.

Daniel es la pieza que falta en este puzle. ¿Lo has dejado un poco abandonado por atender las necesidades médicas de tu hija? ¿Cuánto tiempo le dedicas a él solo? No supongas que sus problemas escolares se deben a la situación familiar. Podría haber otras razones: quizá le cueste hacer los deberes, tal vez sufra acoso escolar o no esté a gusto en clase. Debes averiguar lo que sucede para poder juzgar. Muchos padres atareados ajustan las necesidades de sus hijos a su propio horario: «Vale, ya he terminado. Cuéntame qué tal en el cole.» A lo mejor a ti te viene bien hablar en ese momento, pero tu hijo no tiene por qué estar dispuesto y disponible cuando tú quieras. Espera a que el niño dé señales de que le apetezca desahogarse.

Cuando hay tensiones familiares, lo primero que se reduce es la atención individualizada, pero ésta no debe ser un plus, sino una necesidad. Es el engrudo que os mantiene unidos. Tu marido y tú tenéis que pasar tiempo con cada uno de vuestros hijos, los dos y por separado, además de disfrutar como pareja. Y los dos necesitáis un poco de soledad y tranquilidad para poder recargar baterías. Revisad vuestra rutina diaria y decidid qué ajustes podéis hacer por el bien general.

Es una cuestión de prioridades. Encárgate de lo importante y consuélate pensando que estos períodos de tensión suelen durar poco. Eso te dará fuerza.

P *Esperamos un bebé para dentro de cuatro meses. ¿Debo preparar ya a mi hija de tres años para la llegada de su hermanito? ¿Cómo lo hago?*

R ¡Enhorabuena! Un bebé es siempre una bendición. Quizá parezca raro que responda a esta pregunta dentro de un capítulo centrado en áreas de la paternidad algo más complejas. Sin embargo, conviene entender que la llegada de un nuevo hermanito puede tener una enorme repercusión en el mundo de un niño, y somos los adultos quienes debemos lograr que el cambio sea positivo. Tienes que tranquilizar a tu hija y abonar el terreno para que acepte a su hermanito con confianza y serenidad. Si te preparas bien, no tendrás problemas de celos o regresión con tu hija.

No obstante, ten en cuenta que, por muy precavida que seas, tampoco sabrás con certeza cómo reaccionará la niña hasta que ella tenga que hacer frente a la realidad del bebé. A algunos niños la noticia los afecta bien poco, y otros no llegan a entender lo que se les dice.

¿Cómo preparas a tu hija? Has empezado bien no destapando el asunto demasiado pronto. Los niños pequeños no tienen un concepto claro del tiempo: una o dos semanas les parecen una eternidad. Cuando te note la tripita y te pregunte, será un buen momento para sacar el tema. No conviene que te veas respondiendo preguntas durante meses y que la espera se le haga interminable, pero, por otra parte, necesitas tiempo para que se haga a la idea y participe del embarazo.

Explícale a tu hija que pronto será la «hermana mayor». Dile que, cuando nazca el bebé, te va a ayudar mucho. Habla con ella de las cosas que haréis juntas cuando llegue su hermanito. A los peques a veces los angustia el nacimiento de un bebé porque no saben cómo serán las cosas a partir de entonces ni en qué medida los afectará el cambio. Si la ves preocupada, tranquilízala, pero no le metas ideas en la cabeza ni la uses de caja de resonancia.

Deja que la niña te toque la tripa y sienta las pataditas del bebé. Demuéstrale lo emocionada y contenta que estás por la llegada del bebé. A menudo se tiende a resaltar los aspectos negativos e ignorar la buena nueva. Hay muchos libros infantiles estupendos que tratan el tema de forma sencilla y desenfadada y pueden ayudar a tu hija a digerir la situación y relajarse. En cualquier caso, no le proporciones más información sobre el parto de la que pueda asimilar. Seguramente te hará montones de preguntas, pero no le digas nada que pueda provocarle preocupación por ti.

Éste es también el momento de animar a tu pequeña a que sea más independiente y desarrolle sus aptitudes vitales. Enséñale a vestirse sola y a ponerse los zapatos. Muchos padres, cuando está a punto de nacer su segundo hijo, se vuelcan por completo con el primero, y después de que nazca el bebé, se relajan y esperan de pronto que el niño les haga la cena como un adulto. Prepara a tu hija animándola a desempeñar tareas pequeñas que le resulten asequibles.

Cuando llegue el día, asegúrate de haber tomado las medidas necesarias para que se ocupe de tu hija alguien a quien ella conozca y en quien confíe mientras tú estás en el hospital. Cómprale un regalito y una tarjeta para dárselo cuando vaya a verte por primera vez.

Una vez cuidé de un niño con el que decoré toda una habitación de rosa para su hermanita recién nacida. Montamos una auténtica fiesta de nacimiento, con pastel y todo. El niño estaba emocionado de participar en la celebración, y a la madre se le saltaron las lágrimas de alegría en cuanto lo vio.

Cuando nazca el bebé y tu hija vaya a verte al hospital, céntrate en ella. Posiblemente sea la primera vez que pasa una noche sin ti o la primera vez que duerme fuera de casa, incluso la primera vez que va a un hospital. Por estas y otras razones, quizá esté nerviosa o tenga sentimientos encontrados. Préstale mucha atención. Haz que participe de la nueva dimensión de vuestra familia desde el principio. Una de las formas de hacerlo es la **técnica de la implicación**.

Consejo: Adoro a mi bebé

A algunos padres les cuesta creer que puedan llegar a querer a un segundo hijo tanto como al primero. Lo querrás, créeme. Como dirían mis padres: «Se te hace el corazón más grande.»

CÓMO FUNCIONA LA TÉCNICA

En los días y semanas posteriores al parto, procura respetar la rutina que tengas establecida con tu hija en la medida de lo posible. Los bebés tardan algún tiempo en adquirir ciertos hábitos de alimentación y sueño, pero no abandones el esquema que ya tenías montado o te verás inmersa en el caos. Conviene que tu pareja pase tiempo a solas con la niña mientras tú descansas. Cuando tengas que atender al bebé, usa la *técnica de la implicación* para que tu hija no se sienta excluida. Pídele que te traiga cosas y elógiala cuando lo haga. Ve comentando en voz alta lo que haces para que vea que le prestas atención al tiempo que al bebé. Cuando te ayude, dile que es una «niña mayor» y que estás muy orgullosa de ella. Los muñecos, las bañeras y los miniestuches de juguete para bebés también pueden resultarte útiles. Elógiala por su esfuerzo.

Muchos padres observan que sus hijos mayores sufren una pequeña regresión cuando tienen un hermanito. Para ellos, portarse como un bebé puede ser la forma perfecta de que les hagan más caso o al menos el mismo que a sus hermanos. A los bebés hay que tenerlos en brazos constantemente, y los niños pequeños lo interpretan como un plus afectivo. La técnica de la implicación te ayudará a que la regresión, si la hubiera, sea mínima. Si elogias a tu hija abundantemente por ser una «niña mayor» y le encomiendas pequeñas tareas y responsabilidades, no le hará falta volver a ser bebé.

P Después de intentar durante años que nuestro matrimonio funcionara, mi marido y yo hemos decidido separarnos. ¿Qué podemos hacer para causar a nuestros hijos el menor daño emocional posible? Las estadísticas sobre la repercusión negativa del divorcio en los niños son terribles. Casey, nuestro hijo, tiene siete años; la niña, Keri, tiene diez.

R Aunque vuestro matrimonio haya tocado fondo, para vuestros hijos seguís siendo mamá y papá. Vuestro papel es vitalicio. No es la separación en sí lo que perjudica a los niños, sino el modo en que los padres resuelven sus problemas después, como el del reparto de responsabilidades con respecto a los niños. Se acaba el matrimonio, pero no vuestro compromiso como padres.

Por lo que cuentas, deduzco que habéis decidido la separación de mutuo acuerdo amistoso. Eso es importante. El período de transición previo a la separación puede resultar muy dañino, sobre todo si viene marcado por la hostilidad. Cuando el matrimonio se complica, o se resuelven las diferencias, se olvida y se sigue adelante, o se toma la decisión de separarse. Los conflictos interminables son los que hacen daño a los niños.

Ahora que habéis tomado la decisión, lo que debéis hacer en seguida es contárselo a vuestros hijos. Es muy posible que ya hayan detectado la angustia y la tensión. Organizad una reunión familiar y exponerles los hechos. Explicadles en términos sencillos que habéis decidido que es mejor que viváis separados. Decidles que seguís siendo sus padres y que los seguiréis queriendo igual. Si os preguntan, dejadles claro que no es culpa suya. Muchos niños, sobre todo los pequeños, piensan que sus padres se separan porque ellos han hecho algo malo, especialmente cuando los padres se valen de ellos en sus disputas o si han oído alguna conversación en la que se los mencionaba constantemente. Quizá se echen la culpa. Tal vez intenten ser buenísimos para conseguir que sus padres vuelvan a estar juntos. Incluso a los niños mayores que, a la larga, sabrán apreciar que la separación es para bien, ésta les caerá como una bomba. Es inevitable y debéis asumirlo.

Estableced unas normas básicas sobre cómo os comportaréis delante de los niños. No discutáis ni os peleéis en su presencia, y mucho menos os desmoronéis y lloréis delante de ellos. Sed respetuosos y educados el uno con el otro. El conflicto constante o la conducta vejatoria son muy dañinos para los niños. No antepongáis vuestras emociones, ni dejéis que vuestros hijos oigan más de lo que deben.

Si os quedan cuestiones económicas o administrativas por resolver, habladlas donde los niños no puedan oíros. La figura del mediador puede resultar muy útil a la hora de tomar decisiones conjuntas sobre el futuro de la pareja en un marco neutral.

Escuchad a vuestros hijos y sed comprensivos. Decidles que es normal que estén disgustados. Posiblemente los niños experimenten sentimientos contradictorios: tristeza, enfado, miedo, vergüenza, culpa y confusión; ayudadlos a airearlos para que puedan superar esta etapa tan difícil. Hay que hacer frente a la situación; no se puede posponer. Buscad el apoyo de otras personas. Contádselo a los profesores de vuestros hijos y a las canguros o los familiares con los que tengan más trato. Si os parece que los niños se reprimen en casa, animadlos a que hablen con otras personas: quizá los ayude a desahogarse. Los abuelos, con sus grandes reservas de amor, paciencia y comprensión, pueden desempeñar un papel esencial en estos casos.

Procurad que no haya muchos cambios. Si es posible, intentad que vuestros hijos sigan yendo al mismo colegio. Lo ideal, tanto si uno de vosotros se muda a otra casa como si cambiáis de residencia los dos, es que procuréis manteneros lo más cerca posible geográficamente para que os resulte más fácil compartir la custodia de los niños y la vida de los pequeños no se vea constantemente desbaratada por largos viajes de ida y vuelta.

Tras la separación:

- Dedicad a vuestros hijos mucho tiempo y atención.
- Reforzad su confianza.
- Permitid que los niños mantengan una relación estrecha con los dos. No los obliguéis a tomar partido. No los involucréis en los problemas que tengáis pendientes ni en los que puedan surgir después (como los derivados de nuevas relaciones). No despotriquéis el uno del otro.
- Sed coherentes en la educación de vuestros hijos.
- Manteneos informados el uno al otro, de lo bueno y de lo malo. Instad a vuestros hijos a que no pierdan el contacto con aquel de vosotros que no esté con ellos en ese momento.
- Procurad ajustaros en seguida a lo acordado en cuanto al modo de contacto. No incumpláis los planes sin previo aviso, ni lleguéis tarde a las citas. Si hacéis cambios sin avisar, vuestros hijos pensarán que no queréis verlos. Trataos con respeto y educación delante de los niños.
- Reservad algún momento cada cierto tiempo para revisar vuestros acuerdos e incorporar las modificaciones necesarias. Los niños crecen y se desarrollan: tendréis que ser flexibles para estar a la altura de sus necesidades. Posiblemente tengáis que hablar de asuntos como las excursiones escolares o las asignaciones económicas. No hay razón para que dos adultos no puedan dejar a un lado sus sentimientos y concentrarse en lo que tienen en común: sus hijos.

P Llevo unos meses saliendo con una madre soltera a la que conocí en el trabajo (ambos tenemos veintitantos). Tiene dos hijos: Jason, de siete, y Christopher, de cinco; los dos muy buenos chicos. Su padre los abandonó cuando aún eran muy pequeños y no han vuelto a saber nada de él desde entonces. Julie y yo hemos hablado de vivir juntos; a ambos nos gustaría mucho. El problema es Jason. Desconfía de mí, y a veces es grosero conmigo. ¿Qué puedo hacer? Esta relación es muy importante para mí. Quiero mucho a Julie y a los niños, y me gustaría poder ser como un padre para ellos.

R Los primeros meses de una relación son muy especiales. Todo parece posible. Sin embargo, cuando hay niños de por medio, conviene tomárselo con calma.

Como estos dos niños nunca han tenido relación con su padre, el papel que desempeñarás en su vida será fundamental. Les vendrá muy bien contar con un modelo de conducta masculino en el que inspirarse y con el que identificarse, pero debes esperar el momento adecuado. Aunque no haga mucho que Julie y tú os conocéis, habréis tenido tiempo de desarrollar vuestra relación hasta cierto punto. Ahora debéis incluir a los niños en ese mundo para que todos forméis parte de la misma realidad.

Antes de dar el gran paso, conviene que alimentes tu relación con los niños y con su madre como unidad. Ella tendrá que echarte un cable y ponerte al tanto de todo para que puedas entender la dinámica familiar. Deberá demostrarles a sus hijos que no les deja al margen en favor de su nueva pareja. Por otra parte, también tendrá que hacerse un poco a un lado para que sus hijos tengan ocasión de conocerte.

Después, invierte tiempo en crear un vínculo con cada uno de los niños. Dedícales una atención individualizada. Métete en su mundo. Llévatelos por ahí y haz algo especial con ellos. O simplemente pasa un rato jugando con ellos en casa o dándole patadas a un balón en el parque. No se trata de sobornarlos para que te acepten, sino de darles la oportunidad de que te aprecien por lo que eres. Demuestra interés y entusiasmo. El recelo de Jason y sus malas contestaciones no van dirigidas a ti personalmente, sino a lo que representas. Quizá esté celoso. Deja que te conozca bien y empiece a verte como un nuevo miembro de la familia, no como la pérdida de algo importantísimo para él: su relación con su madre.

Una vez que los niños estén más habituados a tu presencia, podrás iniciar la siguiente etapa, pero hazlo con tranquilidad.

Cuando ya viváis todos juntos, acepta el hecho de que tendrás que haber formado un vínculo sólido con los dos niños para que Julie te permita que los castigues. Conocí a una familia en la que la madre no dejaba que su nueva pareja castigara al mayor de sus hijos, nacido de una relación anterior. Eso generaba muchísimos problemas, sobre todo por la conducta del niño.

Habla con Julie de sus métodos educativos y ved en qué coincidís y en qué no. Dialoga con ella y acordad un planteamiento común. Ella es la que conoce bien a los niños, pero tú eres menos

subjetivo. Trabajad en equipo para que los niños no puedan enfrentaros y todos os adaptéis perfectamente a la nueva dinámica familiar.

Recuerda que no debes precipitar las cosas. La paciencia es la clave.

P *¿Son válidos tus métodos para niños con necesidades especiales? Tengo un hijo de seis años con síntomas claros de hiperactividad, pero sus problemas de conducta (peleas, agresividad) son idénticos a los que veo en tu programa.*

R Parece que está de moda poner etiquetas a los niños. Aconsejo a los padres que se encuentren en tu situación que descarten primero todas las posibles razones de ese comportamiento. Los niños que se portan mal habitualmente, que son particularmente difíciles o no progresan como debieran constituyen una preocupación para sus padres. Todos ellos han oído alguna vez esa vocecilla interior que les dice constantemente que algo no va bien. En primer lugar, entre las causas potenciales del problema de tu hijo, debes descartar el mayor número posible de opciones. La dieta es una: ¿determinados alimentos le sientan mal? La sordera o las dificultades auditivas puede ocasionar problemas con el lenguaje. Un trastorno clínico latente puede traducirse en una conducta ingobernable. Hay niños a los que simplemente les cuesta más tiempo y esfuerzo integrarse en el mundo.

Si a tu hijo se le ha diagnosticado algún trastorno, procura que lo examinen distintos profesionales, no sólo su pediatra. Por ejemplo, podría resultar útil que un especialista evaluara su comportamiento en casa, o quizá convenga que consultes a un psicopedagogo que analice su conducta en el colegio. Cualquier diagnóstico debe realizarse globalmente, teniendo en cuenta todos los elementos de su entorno.

En tu caso concreto, si al niño le han diagnosticado hiperactividad, hazte con toda la información y el apoyo posibles. Lee todo lo que encuentres sobre este trastorno, apúntate a algún grupo de padres con tu mismo problema o participa en algún ciberforo donde puedas contar con el consejo y el asesoramiento de profesionales y educadores.

En *Supernanny*, he conocido varias familias con hijos necesitados de cuidados especiales: Paige, la niña de cinco años de los Webb, tiene síndrome de Down; Tristam, el niño de tres años de los Facente, es autista. También he conocido niños hiperactivos. En el caso de los Webb y los Facente, contamos con la colaboración del eminente Dr. Lynn Koegel, especialista en psicopedagogía de la Universidad de California, que lleva veinticinco años al mando de un centro de formación donde se ayuda a miles de niños con distintos tipos de necesidades especiales.

Lo que he observado es que, según el caso concreto, el orden, la rutina y la constancia pueden resultar útiles. La repetición, por ejemplo, les viene muy bien a los niños autistas, y pueden usarse gráficos de imágenes para someterlos a una rutina diaria. Las jornadas muy estructuradas son buenas para los niños hiperactivos, porque los ayuda a mantenerse centrados. A muchos niños con síndrome de Down no les gustan los cambios, y la constancia puede resultarles muy útil. Por otra parte, un horario factible te concederá más tiempo que dedicarle individualmente a tu hijo, sin dejar por ello desatendidos a tus otros pequeños.

También he observado que los niños con necesidades especiales responden mejor cuando se resaltan sus logros, por pequeño o lento que sea el progreso, y se los premia y se los elogia. Los niños con síndrome de Asperger suelen tener una autoestima muy baja y reaccionan bien al elogio. Los hiperactivos se frustran con frecuencia, por lo que las tareas pequeñas y sencillas refuerzan enormemente su confianza. El estímulo es la clave.

La comunicación es a menudo fuente de frustración. Paige, por ejemplo, necesitaba mejorar su vocabulario para hacerse entender. Su madre estaba acostumbrada a hablar con ella «a su manera», con lo que la niña no hacía esfuerzo alguno por aprender y usar palabras nuevas. Cuando su madre decidió preguntarle las cosas de otra forma, enseñarle palabras distintas y animarla a que practicara su correcta pronunciación, Paige empezó a hablar mejor. En el caso de Tristam, había que conseguir que reconociera su nombre, así que ideamos un juego para lograr que acudiera cuando lo llamábamos.

Los niños con necesidades especiales pueden hacer grandes progresos con dedicación y paciencia. Un profesor particular o un refuerzo temporal también pueden resultar muy beneficiosos.

Si tienes un hijo con necesidades especiales, involúcralo en la vida familiar y déjalo participar en los juegos comunes siempre que sea posible. No obstante, también es esencial que el niño disponga de su propio espacio para que tus otros hijos no sufran. Por ejemplo, en casa de los Webb, la hora de acostarse era un problema. Cuando les propuse la *técnica de quedarse en la cama* (pág. 96), los otros dos niños, Josef y Madison, en seguida captaron el mensaje, pero Paige no lograba ser constante. Trasladamos a los otros y le dejamos a Paige el dormitorio para ella sola, de modo que sus hermanos pudieran respetar la rutina de acostarse.

Los padres de niños con necesidades especiales debéis tener presente que hay aspectos del comportamiento y desarrollo de vuestros hijos que no podréis cambiar, pero eso no significa que tengáis que rendiros y dejar de estimularlos para que progresen dentro de sus posibilidades. Aunque os parezcan avances insignificantes, son pasos en la dirección adecuada.

T de Tiempo.

La paternidad requiere dedicación. Administra bien tu tiempo para evitar el caos y la confusión.

P Mi suegra falleció inesperadamente la semana pasada. ¿Cómo ayudamos a nuestras hijas a superar la pérdida de su querida abuela? Tenemos tres niñas de nueve, cinco y tres años.

R Lamento vuestra pérdida. Sin duda pasáis por una época de tristeza y malestar para toda la familia, sobre todo para tu esposa. El modo en que afrontéis esta situación os afectará notablemente a todos. Este tipo de sucesos desoladores, que sacuden a las familias a diario, alteran por completo la dinámica del hogar.

En los adultos, el dolor pasa por una serie de fases. La primera es la conmoción, acentuada en vuestro caso por lo repentino de la muerte de tu suegra. Después viene un intenso sentimiento de añoranza de la persona que se ha ido, luego la furia, la culpabilidad y por último la tristeza y la aceptación. Tu dolor será distinto del de tu mujer. La muerte de un padre o una madre constituye una enorme transición.

Al igual que los adultos, los niños experimentan toda una serie de fuertes emociones cuando pierden a alguien muy cercano, pero posiblemente no sepan expresar sus sentimientos. Por fuera, quizá parezca que la situación no los afecta en absoluto, pero la recuperación es un proceso lento y necesitarán tiempo. La transición les resultará más fácil si cuentan con todo vuestro apoyo.

Los niños muy pequeños no entienden realmente el concepto de la muerte. Los menores de cinco años suelen pensar que la persona fallecida volverá en algún momento y se preguntan adónde habrá ido. Vuestra hija de tres años verá que mami está triste y le afectará lo que sucede en su entorno inmediato. Quizá comprenda que ha pasado algo muy gordo que hace llorar a su madre, puede que repita lo que oye («La abuela se ha ido al cielo»), pero es muy pequeña para tener una percepción emotiva de lo sucedido. La de cinco años es más probable que sepa que no volverá a ver a su abuela; la de nueve, sin duda, lo tendrá claro. No os aconsejo que llevéis a las dos pequeñas al funeral, pero puede ayudar a la mayor a superar el dolor.

Animad a vuestras hijas a que expresen lo que sienten. Dedicadles tiempo a las tres por separado y escuchadlas. No les proporcionéis demasiados detalles tristes, pero dejadles claro que vais a estar ahí siempre que quieran hablar. Conviene que respondáis de forma sencilla a sus preguntas. La claridad y la sinceridad son la clave para que vuestra hija mayor se acostumbre a vivir sin su abuela.

Estad atentos a cualquier cambio de conducta sintomático de que alguna de vuestras pequeñas tiene problemas para expresar sus sentimientos. Las emociones fuertes a veces producen regresiones en los niños pequeños: puede que se hagan pis en la cama o reclamen más atención. Los mayores quizá sufran dispersión, es posible que les cueste concentrarse o que muestren signos de ansiedad. Un psicólogo resulta muy útil en estas situaciones, alguien ajeno a la familia con quien hablar ayudará a las niñas a desahogarse.

Sacad los álbumes de fotos y hablad de lo

bien que lo pasabais con la abuela. Si evitáis mencionarla en todo momento, el miedo y la angustia de vuestras hijas aumentará: la abuela se convertirá en un tema tabú. Escuchadlas, resolved sus dudas y dadles tiempo para que superen la pérdida a su manera. Cuando quieran hablar, aunque no sea el mejor momento, aprovechadlo: si la puerta se abre de par en par, hay que dejarla abierta.

No intentéis ocultar vuestras emociones en estos momentos mordiéndoos el labio superior. Vuestras hijas deben saber cómo os sentís. La muerte de un miembro de la familia no es algo que se pueda ignorar ni disimular. Os costará acostumbraros y todos tendréis vuestros ratos de dolor. En cuanto vosotros, como padres, recuperéis la estabilidad, vuestras hijas también se tranquilizarán. El paso de los días os ayudará a superarlo.

Children must
not play on
this site

6 Después del rincón de pensar

Ahora que *Supernanny* ya lleva un tiempo emitiéndose en televisión, me encuentro con algunas familias que han visto los primeros programas y están poniendo en práctica la *técnica del rincón de pensar* o alguna de sus variantes. Es fantástico que el programa haya servido para animar a algunos padres a probar estos métodos por su cuenta, y aún mejor que me cuenten que les funciona, que su vida familiar ha mejorado y que están agradecidos por el resultado.

Sin embargo, esto no es siempre así. Para mi sorpresa, también ha habido padres que han probado estas técnicas y no han conseguido nada. Con *Supernanny* he conocido algunas familias que ya usaban el rincón de pensar o algo parecido antes de mi llegada, pero no hacían progresos. Así he podido ver personalmente lo que fallaba. Mi conclusión: casi siempre que los métodos no funcionan es porque los padres pasan por alto algún paso importante o no son constantes en uno u otro aspecto.

Una de las razones de ser de este libro es precisamente ofrecer instrucciones más detalladas sobre las técnicas que propongo en el programa. En este capítulo, expondré con detalle los métodos que empleo cuando los niños se portan mal y los comentaré paso a paso para que el éxito sea seguro.

Lo primero es entender cómo y por qué funciona el método. Cuando tengas clara la idea que lo sustenta, verás por qué cada paso es crucial y no arruinarás la técnica saltándote una fase, cambiando las normas o siendo inconstante.

Vivimos en la era del arreglo rápido. ¡Pierde peso rápidamente! Resultados inmediatos, si no te devolvemos el dinero. ¡Notarás la diferencia en una semana!

Pues bien, la educación de tus hijos no se rige por ese patrón. Corregir una pauta de mala conducta, enseñar a tus pequeños a que obedezcan y te respeten o reforzar su confianza para que sean más independientes requiere tiempo, compromiso y constancia. No puedes pretender obtener resultados inmediatos, ni encontrar una solución sin hacer el más mínimo esfuerzo. Hay padres que, tras años de lidiar con situaciones desesperantes, deciden aplicar una técnica y esperan un resultado instantáneo. Invierte tiempo en tu familia y no confíes en que el cambio se produzca de la noche a la mañana.

Consejo: Cuándo no hay que castigar

En algunas situaciones, aunque regañes a tu hijo, no debes castigarlo. Esos casos son los siguientes:

- *Cuando esté enfermo.*
- *En épocas de crisis familiar o cambios importantes: mudanzas, enfermedades, apuros o el nacimiento de un hermanito. Sé un poco más indulgente cuando las cosas vayan mal o el ambiente sea tenso.*
- *Cuando se sienta verdaderamente arrepentido de su comportamiento. Si está triste, habla con él, pregúntale por qué lo ha hecho, recuérdale las normas y déjalo así.*
- *Cuando no sepas con seguridad lo que ha pasado. La mayoría de las veces, tendrás clarísimo quién ha sido, pero si te cabe la menor duda, es preferible que pases por alto el incidente. Si castigas a tu hijo continuamente por cosas que no ha hecho, lo incitarás a mentir.*
- *Cuando ya lo hayas castigado una vez por lo mismo.*

Temas y técnicas tratados en este capítulo:

EL RINCÓN DE PENSAR Y SUS VARIANTES para todo tipo de situaciones.

CÓMO HACER FRENTE A LAS RABIETAS de niños pequeños y mayores.

EL CUARTO DE MEDITAR, EL ÁREA DE CALMARSE Y LA ZONA DE RELAJARSE para niños que pierden el control.

EJERCICIOS DE RESPIRACIÓN para calmar los ánimos de los padres.

TÉCNICA DE «A LA PRÓXIMA TE VAS» para los niños que se portan mal por llamar la atención.

TÉCNICA DE LA CONFISCACIÓN DE JUGUETES para niños que se pelean por ellos.

T de Tú.

Cuídate y recarga baterías. Si tu hucha emocional está vacía, no tendrás nada que darles a tus hijos.

El **rincón de pensar** y todas sus variantes son, a mi juicio, una de las formas más efectivas de enseñar a un niño que un comportamiento concreto es inaceptable. Hay quien lo llama *tiempo muerto*. Sea cual sea el nombre y la variante empleados (rincón, silla, taburete, banco) la idea básica es la misma. Las técnicas que propondré más adelante para enseñar a los niños a calmarse después de una rabieta o cualquier otro tipo de berrinche se fundamentan en esa misma idea.

¿Qué se pretende con este método?

En primer lugar, hay que dejar claro lo que no es el *rincón de pensar*. Es control firme, pero no castigo físico. Con esta técnica, no se pretende hacer daño al niño ni hundirlo, sino darle la oportunidad de pensar en su conducta y aprender lo que sucede si se porta mal. Se trata de conseguir que el niño piense por sí mismo, asuma responsabilidades y responda de sus acciones.

El método consiste esencialmente en apartar al niño por un momento del incidente para que pueda calmarse, pensar en lo que ha hecho y disculparse por su conducta. ¿Por qué es importante apartarlo del escenario? Porque al hacerlo, aunque sigas teniéndolo a la vista, le demuestras que portándose mal no consigue que le hagas más caso. Muchas veces el mal comportamiento es una forma de llamar la atención, de modo que este aspecto es muy importante. Por otra parte, al alejarlo del escenario, le dejas claro que, cuando se porta mal (muerde, da patadas o monta la pataleta), no puede seguir participando en las actividades familiares o haciendo lo que estuviera haciendo hasta que haya pasado un tiempo fuera y se haya disculpado. La mala conducta no es una forma de hacer amigos: es socialmente inaceptable.

CÓMO FUNCIONA LA TÉCNICA. TODAS LAS FASES SON IMPORTANTES.

- **LA ADVERTENCIA** Tu hija de cinco años acaba de darle un patadón en la pierna a su hermano de tres. Lo primero es la advertencia. Acércate a ella, ponte a su nivel y mírala a los ojos. Usa la *voz de la autoridad* para decirle que lo que ha hecho está mal y por qué. Dile: «Eso que has hecho está muy mal. No se pega a un hermano. Hay que ser amable con los demás. Si vuelves a hacerlo, irás al rincón de pensar.» Advierte sólo una vez. Luego márchate. No esperes la reacción.

- **EL RINCÓN DE PENSAR** Un par de minutos después, tu hija vuelve a darle una patada a su hermano. En cuanto lo haga, llévala al rincón de pensar y siéntala.

- **LA EXPLICACIÓN** Explícale a tu hija por qué la has llevado al rincón de pensar. Ponte a su nivel. Dile: «No se dan patadas a los hermanos, ni a nadie. No se hace daño a los demás. Eso está muy mal. Quédate aquí cinco minutos* y piensa en lo que has hecho».

* La cantidad de minutos dependerá de la edad del niño: dos minutos para un niño de dos años, tres para uno de tres, etc. Si tu hijo tiene dos años y medio, elige el nivel más próximo según la madurez del niño.

- **MÁRCHATE** No le des más explicaciones a tu hija. Da igual lo que diga o haga. Vete. Si se levanta del rincón de pensar, siéntala otra vez.

- **VUELVE Y EXPLÍCATE**

- **LA DISCULPA** Cuando hayan pasado los cinco minutos, acércate a tu hija y dile que se disculpe: «Quiero que pidas perdón.» Debe especificar por qué pide perdón.

- **SE ACABÓ** Cuando se haya disculpado, dile: «Gracias.» Demuéstrale que aceptas su disculpa. Usa un tono de voz más elevado para que quede clara tu satisfacción. Dale un beso y un abrazo. Invita a la niña a participar en una actividad familiar o a que siga jugando como antes.

Parece sencillo, ¿verdad? Analicemos detenidamente cada paso para ver qué puede salir mal. En las siguientes páginas, encontrarás algunas preguntas que me hacen frecuentemente.

P *¿Para qué me voy a molestar en advertir a mi hijo? ¿No es mejor que lo lleve al rincón de pensar directamente? No quiero esperar a que le atice a su hermano por segunda vez para castigarlo.*

R Hay varias razones por las que conviene que adviertas a tu hijo, pero la más importante es que la advertencia le proporciona una oportunidad de entender que no te satisface su conducta, juzgar la situación y decidir rectificar por sí mismo. Si te saltas la advertencia y lo llevas directamente al rincón de pensar, no le dejas otra opción ni le permites enmendar su comportamiento.

La advertencia también es fundamental porque señala la mala conducta e indica al niño que se ha pasado de la raya. Los más pequeños siembran el caos por su afán de exploración. A veces no saben qué han hecho mal. Hay que decírselo. Y aunque sepan que algo no se hace, se les olvida de momento. Conviene recordarles las normas. Supongamos que estás en el centro comercial con tu pequeño y de pronto éste ve a su personaje favorito de la tele. Sabe que no debe salir corriendo, pero no puede controlar el impulso ¡y allá va! Lo que haces en ese momento es advertirlo.

Con la advertencia, informas a tu hijo de que lo que está haciendo está mal y por qué. Así sabe que si continúa haciéndolo, habrá consecuencias. En algunos casos, eso es más que suficiente.

P *¿Cómo hago para que mi hijo de seis años me escuche? Cuando le advierto que si vuelve a hacer algo malo, lo mando al rincón de pensar, me ignora o empezamos a gritarnos.*

R Advertir a tu hijo no es lo mismo que reñirlo. Con la advertencia se pretende que el niño sepa que se ha pasado de la raya y que no debe volver a hacerlo. Si tu hijo te ignora (se tapa los oídos y empieza a canturrear, por ejemplo), está intentando hacerse con el control de la situación. Como es lógico, la irritación te llevará a justificarte. No caigas en la trampa. No levantes la porra. Di lo que tengas que decir y márchate.

Lo que le digas es muy importante. Una advertencia no debe ser nunca una excusa para machacar al niño verbalmente. Dile: «Quitar los juguetes por la fuerza está muy mal. No se le quitan los juguetes a los demás.» O: «En esta casa no se dicen tacos. Las palabrotas están muy mal.» Lo que no debes decirle es: «¡NO! ¡Eres un niño muy malo! ¿Cómo has podido hacer eso? ¡Para ahora mismo!» Tu hijo no es «un niño muy malo». Lo que es inaceptable es su comportamiento. ¿Y cómo va a saber qué es «eso» si no se lo dices?

Adviértelo una vez. Si no dejas de advertirlo continuamente, en seguida sabrá que no se trata más que de amenazas huecas. Te ignorará y habrás inutilizado la técnica antes de empezar siquiera, porque el niño se dará cuenta de que no vas a seguir adelante.

El tono en que te dirijas a tu hijo es casi tan importante como lo que le digas. Los niños pequeños observan todos nuestros movimientos e imitan nuestra conducta. El lenguaje corporal y el tono de voz les dicen muchísimo e incluso pueden resultar un medio de comunicación más eficaz que las palabras.

Cuando adviertas a tu hijo o le expliques por qué lo llevas al rincón de pensar, acércate a él, ponte a su nivel y míralo a los ojos. Muchos padres olvidan lo grandes que son para un niño pequeño que los ve desde abajo. Permanecer de pie cuando se advierte a un niño es algo innecesariamente intimidatorio. La finalidad de la advertencia o la explicación no es aterrar al pequeño con tu presencia física, ni gritarle desde la otra punta de la habitación.

El contacto visual también es muy importante. Si tu hijo aparta la mirada o intenta salir corriendo, sujétalo por los brazos y dile: «Mírame, por favor. Te estoy hablando.» Por el contacto visual, tu hijo sabrá que vas en serio y prestará atención a lo que le digas.

Cuando adviertas a tu hijo o le expliques qué ha hecho mal, usa un tono de voz bajo, claro, sereno y firme. Así tu hijo sabrá que hablas en serio y que su comportamiento te ha disgustado. La *voz de la autoridad* no conlleva enfado ni amenazas. Tampoco debe denotar inseguridad, ni posibilidad de diálogo o negociación. Por ella, tu hijo sabrá que tú mandas.

P *¿Qué hay que hacer cuando después de advertir al niño que no debe pegar a su hermano sigue portándose mal, pero haciendo otra cosa completamente distinta, como decir palabrotas? ¿Le advierto que eso tampoco se hace o lo llevo directamente al rincón de pensar?*

R Buena pregunta. Como es lógico, cuando un niño se porta mal, no siempre hace lo mismo. La mala conducta puede manifestarse de formas muy diversas, todas englobadas en el término genérico «portarse mal». Lo que debes hacer es dejar bien claras las normas de tu casa: nada de peleas, nada de patadas, nada de palabrotas...

Muchas veces depende del momento. Si adviertes a tu hijo que no debe pegar a su hermano y se porta bien el resto de la mañana, puedes dar carpetazo al incidente. Si vuelve a portarse mal por la tarde, habrá transcurrido tiempo suficiente para que inicies el proceso de castigo desde el principio. En tu caso, yo le advertiría que no debe decir palabrotas antes de llevarlo al rincón de pensar.

No obstante, si le adviertes que no debe pegar a su hermano y acto seguido empieza a hacer cualquier otra cosa a tu juicio inaceptable, convendría que unieras ambos episodios de mala conducta y lo llevaras al rincón de pensar directamente. Por ejemplo, si el niño pega, después da patadas y luego muerde, no podrás aplicar la técnica estrictamente y esperar a que repita cada acción dos veces seguidas. Prueba a formular la advertencia de otra forma: «Has pegado a tu hermano. Eso está muy mal. No se pega a lo demás, porque hace daño. Si vuelves a portarte mal, vas al rincón de pensar.» Entonces, cuando empiece a decir palabrotas, lo llevas directamente al rincón de pensar y le explicas: «Has dicho palabrotas y te había advertido que no volvieras a portarte mal. Te vas a quedar aquí X minutos pensando en lo que has hecho.»

P ¿Cuánto hay que esperar para llevar al niño al rincón de pensar? ¿Es buena idea dar lugar a que la cosa se tranquilice?

R No, no debes esperar. En cuanto se repita el comportamiento, lleva a tu hijo directamente al rincón de pensar y siéntalo. Muchos padres demoran el momento de actuar y dejan que el niño siga portándose mal hasta que por fin deciden que es hora de hacer algo. Hay que reaccionar inmediatamente. Si esperas, el niño creerá que puede salirse con la suya un rato sin consecuencias. Además, si tu hijo se porta mal para llamar la atención, es muy probable que la mala conducta empeore progresivamente; lo que rara vez sucede es que cese porque sí, y en cuanto te descuides, una simple disputa por un juguete se habrá convertido en la tercera guerra mundial y tus hijos se estarán atizando en la cabeza con el objeto de sus diferencias.

Hay otra razón por la que no conviene esperar. Los niños pequeños no tienen mucha retentiva. Un lapso de tiempo prolongado debilita la asociación del castigo al mal comportamiento. Cuando decidas tomar cartas en el asunto, tu hijo habrá olvidado el incidente inicial y considerará injusta tu sanción.

P Hemos probado el rincón de pensar, pero no nos funciona. Nuestra hija no aguanta el castigo más de un minuto; normalmente ni siquiera eso. ¿Qué hacemos? ¿La obligamos a que se quede ahí quieta hasta que capte el mensaje?

R ¡Qué impacientes somos todos hoy en día! Muchos padres recurren a estos métodos después de años de afrontar sin éxito el mal comportamiento de sus hijos y esperan resultados inmediatos. Lleva tiempo.

Uno de los mayores problemas a que se enfrentan los padres con el rincón de pensar es que el niño se niegue a quedarse quieto. Seamos realistas. Si vuestro hijo nunca os hace caso o si el patrón de mala conducta está ya muy arraigado, el niño no cederá sin rechistar. En cuanto lo llevéis al rincón, o poco después, se levantará y, porque ignora vuestra autoridad. Ya resulta difícil conseguir que los niños no se muevan del rincón en circunstancias normales.

En estos casos, muchos padres lo dejan correr, o incluso intentan contener físicamente a sus hijos. Ninguna de las dos tácticas les proporciona el resultado que esperan.

¿Qué hay que hacer? ¿Ir a por el pegamento? ¿Sacar la cinta de embalar? ¿Atarlos?

No. Lo que hace falta es paciencia, dedicación y constancia.

Si vuelves a llevar a tu hijo al rincón de pensar y se levanta, lo llevas otra vez; si vuelve a levantarse, vuelves a llevarlo; que se levanta otra vez, lo llevas de nuevo. No le hables ni expreses reacción alguna a su conducta. Limítate a llevarlo al rincón y dejarlo allí. Sin decir nada.

Cada vez que lo devuelvas al rincón, demuestra paciencia, constancia y resolución. El niño terminará por captar el mensaje. Quizá te cueste diez, once o doce veces el primer día; tal vez catorce, quince o dieciséis al día siguiente; pero al final funcionará. Créeme, sé lo que digo. Si eres constante, tu hijo se cansará de ponerte a prueba y aceptará tu autoridad.

En una ocasión, recibí una carta de una madre que quería contarme lo bien que le había ido la técnica (que había copiado de la tele). La primera vez que la probó tuvo que llevar a su hijo al rincón de pensar ¡cien veces seguidas! ¡Le costó tres horas! Al día siguiente sólo tuvo que devolver al niño al rincón diez veces. Al siguiente, sólo dos; a partir de entonces, el niño ya no se movía del rincón hasta que pasaba el tiempo estipulado. Aquella mujer tenía aguante y estaba convencida de que el método funcionaría. Hizo el esfuerzo y en tres días obtuvo resultados, mucho antes que si hubiera empezado a aplicar la técnica, la hubiera dejado, la hubiera retomado, se hubiera rendido otra vez...

Nunca intentes retener a tu hijo en el rincón por la fuerza: tratará de zafarse como sea. La *técnica del rincón de pensar* no es una forma de someter al niño físicamente; de eso a pegarle hay un paso. Si te dejas llevar, el incidente podría convertirse fácilmente en una auténtica guerra. De hecho, lo es. Además, al retener a tu hijo en el rincón por la fuerza, le estás diciendo que no confías en que el método funcione. Lo que tienes que hacer es llevar al niño el rincón, punto. Todas las veces que haga falta. Demuestra firmeza y voluntad de hacerte cargo de la situación. La seguridad en uno mismo es como un perfume: los niños lo huelen. Que se te note al andar, al hablar y al actuar.

MUY IMPORTANTE

Llevar al niño al rincón de pensar y volver a llevarlo cada vez que se levante es la clave del éxito de esta técnica. Tu constancia le hará ver que vas en serio, y así lograrás asentar tu autoridad.

U de Uno en uno.

La atención individualizada fortalece los vínculos entre todos los miembros de la unidad familiar.

P ¿Qué necesidad hay de dar una explicación? Ya advierto a mis hijos antes de llevarlos al rincón de pensar. No entiendo por qué hay que repetirse.

R La explicación es tan importante como la advertencia. Antes de dejar a uno de tus hijos en el rincón de pensar, debes explicarle por qué. Usa la voz de la autoridad y habla claramente, aunque el niño intente enredarte con su charla o pierda el control por completo. Dile: «Le has dado una patada a tu hermano. No se dan patadas. No está bien.»

¿Por qué es necesaria la explicación? Supongamos que tus dos hijos están jugando a un juego de mesa. Gana la niña. El niño está tan enfadado por haber perdido que, en un arranque de furia, tira el tablero y todas las piezas al suelo. Le adviertes. Una vez apaciguados los ánimos, tus hijos empiezan a jugar a otra cosa. Vuelve a ganar la niña y el niño estalla de nuevo. Esta vez lo llevas al rincón de pensar.

Posiblemente haya pasado bastante tiempo entre el primer episodio de mala conducta y el segundo. Para que tu hijo entienda exactamente por qué lo castigas, debes darle una explicación, porque es tarea de un padre enseñar a sus hijos a comportarse. Si omites esa explicación, seguramente el niño no sabrá por qué lo castigas y no aprenderá.

P ¿Cuánto tiempo debe estar el niño en el rincón de pensar?

R Yo tengo una regla básica: tantos minutos como años. No es caprichoso: se debe a que la capacidad de concentración de los niños es escasa. Un par de minutos son suficiente para un niño de dos años. Junto con esa regla, la paciencia y la constancia son las piezas esenciales de este método. El tiempo que el niño pase en el rincón de pensar es importante, pero la constancia lo es más. Con niños mayores, el aumento del lapso de castigo tiene su relevancia. Ocho minutos proporcionan a un niño de ocho años tiempo suficiente para calmarse y pensar en lo que ha hecho.

Si te cuesta ejercer tu autoridad o estás a punto de perder el control por completo, quizá te tiente la idea de multiplicar el castigo: «¡Ocho minutos más por hablar!» Para un niño que tiene que pasar ocho minutos en el rincón de pensar, otros ocho pueden convertirse en una auténtica condena. Son ocho minutos, no dieciséis, ni veinticuatro. Aumentar el tiempo de castigo es cambiar las reglas del juego, y así sólo se consigue invalidar la técnica y generar frustración.

Hagas lo que hagas, procura ser quien controle el tiempo. En un programa de *Supernanny*, usamos la *técnica del círculo de pensar* para castigar a un niño que montaba rabietas y numeritos constantes por celos de su hermano. Cuando la madre de Ryan, Michelle, puso en práctica la técnica, cometió el error de dejarle el cronómetro a su hijo y decirle que podría salir del círculo cuando hubiera pasado el tiempo, con lo que el niño recuperó el control de la situación. Obviamente, lo primero que hizo fue adelantarlo, ¡chico listo!

MUY IMPORTANTE

Cuando un niño se escapa continuamente del rincón de pensar, suelo aconsejar que se empiece a contar el tiempo cada vez que vuelve. Tu hijo debe permanecer en el rincón el tiempo acordado antes de que le pidas que se disculpe.

No obstante, se pueden hacer excepciones en casos especiales. Si el niño tiene muy poca capacidad de concentración, sufre angustia de la separación o alguna discapacidad mental, no lo aconsejo.

P *¿Qué pasa si el niño no quiere disculparse? ¿Puede levantarse del rincón de pensar cuando sea la hora?*

R No, no y no. Sobre todo no te saltes la disculpa: es un elemento crucial de la técnica, su resolución. Por mucho que te haya costado llegar hasta ahí, y aunque hayas estado horas devolviendo al niño al rincón, no caigas en la trampa de pasar por alto esa fase. Tu hijo debe pedir perdón. Si no está preparado para hacerlo, tenlo en el rincón de pensar hasta que lo esté. Vuelve a él cada cierto tiempo y pídele que se disculpe, pero no cuando él te llame, sino cuando tú lo consideres oportuno. Después de correr la maratón, no te pares a diez metros de la meta.

La disculpa es la última pieza del puzle, porque enseña al niño a responsabilizarse de su comportamiento. Debe ser una disculpa de verdad. No vale que grite «¡PERDÓN!» o suelte un «Per-dón» de mala gana. No obstante, ten siempre en cuenta que a los niños muy pequeños les cuesta vocalizar: si te suena a perdón y lo dice de verdad, acepta.

Dale las gracias a tu hijo cuando se disculpe. De ese modo, reconoces su esfuerzo. Le habrá costado decirlo, sobre todo si es testarudo. Para un niño, aceptar la responsabilidad de sus actos es un gran paso; ¿cuántos adultos siguen echándole la culpa al vecino? Si tus hijos son mayores, adapta el método; sabrás cuándo la disculpa es auténtica.

La disculpa señala, además, el fin del episodio. Se acabó. No vuelvas a mencionar lo ocurrido. Da por cerrado el incidente, e invita a tu hijo a jugar o participar en alguna otra actividad. Vuelta a la normalidad.

Algunos padres no saben dejarlo estar. Siguen hablando de lo sucedido mucho después de aplicado el castigo. Nada de rencores.

Si tu hijo quiere hablar de lo que ha pasado, sácalo del rincón de pensar antes de iniciar la charla. Por ejemplo, has castigado al niño por pelearse por un juguete. El castigo le habrá enseñado que no hay que pelearse, por ninguna razón. Supongamos que el niño necesita que sepas que el juguete es uno de sus favoritos y que por eso se ha enfadado tanto. En ese caso, quizá podáis hacer un trato y que ese juguete sea sólo para él y no tenga que compartirlo.

P *¿Qué diferencia hay entre el rincón de pensar y el banco de pensar? Usas técnicas distintas en cada programa. ¿Hay alguna razón?*

R Cualquiera que haya visto *Supernanny* se habrá dado cuenta de que hay rincones de pensar de todas las formas y todos los tamaños: a veces es una habitación, otras es un rincón, otras una alfombrilla. Pero es siempre la misma técnica.

Éstas son algunas de las variantes usadas en el programa:

- El círculo de pensar
- El área de pensar
- El banco de pensar
- La zona de pensar
- El cuarto de pensar
- La silla de pensar
- El escalón de pensar
- El taburete de pensar
- El cojín de pensar
- El cubo de pensar
- El punto de pensar
- La alfombrilla de pensar

Y para los padres a los que no les gusta la expresión «de pensar»:

El área, espacio o cuarto de tiempo muerto.

Sea cual sea la variante, el principio es el mismo: designar una zona específica en la que el niño pueda sentarse a meditar durante el intervalo de castigo y prepararse para pedir perdón. Un rincón es un buen sitio porque es una zona neutral que no ofrece distracciones y no está tan apartado del resto de la casa como para que tengas que andar de aquí para allá continuamente.

Trabaja con lo que tengas. En algunas casas no hay muchos rincones aislados que puedan convertirse en el rincón de pensar, pero seguramente hay sillas, taburetes o cojines con los que sustituirlos. No hace falta que salgas corriendo a buscar algo especial.

Si tienes más de un hijo y existe el riesgo de que el que se ha portado mal se esfume del rincón de pensar en cuanto te descuides, quizá prefieras usar una silla, un taburete o un cojín que puedas cambiar de sitio para tenerlo más controlado, en la misma habitación en que estés, pero algo apartado de la zona principal de actividad. También he usado el punto de pensar, que no es más que una flecha grande de cartulina que se pega en la pared.

A veces hay que castigar a más de un niño a la vez. En ese caso, tendrás que tener dos o tres (o más) de lo que uses. Los círculos y las áreas de pensar (una simple alfombrilla circular de un solo color vale) son una buena forma de castigar a dos niños que se han estado peleando, dado que puedes colocar los puntos de castigo en distintas zonas de la habitación. Con el banco de pensar, puedes castigar a más de un niño a la vez.

Procura que el castigo sea adecuado a la edad del niño. No hay por qué obligar a un niño de nueve años a sentarse en un taburete diminuto como si tuviera cuatro: es humillante. Para niños mayores, son preferibles el cuarto, el área o la zona de pensar. Conviene que en ellos haya las mínimas distracciones posibles. Si llevas a tu hijo a un cuarto de pensar lleno de juguetes y juegos de ordenador o donde esté la tele, la técnica no va a funcionar. Elige una habitación que no sea su dormitorio ni el cuarto de estar y en la que no pueda divertirse. La entrada, el lavadero o el salón van bien. También puede resultar eficaz la privación de privilegios como la consola o la paga semanal, o castigarlo sin ir a dormir a casa de su amigo o a un cumpleaños.

Adapta la técnica a las circunstancias. No puedes ir al centro comercial con la silla o el taburete de pensar debajo del brazo, pero la alfombrilla o el punto de pensar son fáciles de transportar. Si estás en el parque, usa un banco. Cuando se tiene en mente la técnica, uno se la puede llevar a cualquier parte.

P *Hemos probado el rincón de pensar con nuestro hijo de cuatro años, pero no nos ha funcionado. ¿Cambiamos a la silla de pensar? ¿Cuál le iría mejor?*

R Si tu hijo fuera mayor, te aconsejaría que usaras el cuarto de pensar, pero a los cuatro años el rincón es perfecto. No dices por qué no os ha funcionado la técnica. Quizá deberías repasar las fases y procurar ser más constante. Si no vuelves a llevar a tu hijo al rincón cada vez que escape de él, el método no te funcionará, aunque uses una silla, una alfombrilla, un banco o lo que sea. Si te replica y le sigues el juego, deja de hacerlo. Devuélvelo al rincón cada vez que se levante, y márchate sin decir nada.

En una ocasión, trabajé con una familia, los Burnett, que habían estado usando sin éxito la técnica del rincón de pensar para castigar a sus gemelos de tres años: cuando los dejaban en el rincón de pensar, los gemelos salían corriendos y se escondían. Como tenían que cuidar de otro par de gemelos más pequeños, los padres no podían ir tras ellos continuamente. Así que recurrimos a las sillas de pensar, que pusimos cerca de los padres para que éstos pudieran tenerlos controlados y devolverlos a la silla en cuanto se levantaran, al tiempo que cuidaban de los pequeños.

Mientras les enseñaba la técnica, descubrí que existía otra razón por la que no había funcionado. A la madre le costaba mucho ser constante, sobre todo cuando John y Joseph empezaban a llorar: se ablandaba y los dejaba levantarse de la silla. El llanto de sus hijos la entristecía mucho, porque pensaba que los niños se sentían ignorados. Le parecía que era mala y que los gemelos creerían que no los quería. Sin embargo, lo que hacían los niños era usar el berrinche como medio de control. En cuanto la madre vio que los niños estaban contentos y volvían a jugar sin rencores tras cumplir su castigo, pudo usar la técnica con eficacia.

V de Valores.

Enséñales a tus hijos vuestros valores familiares y de lo que es importante para vosotros.

P *Tengo una niña de cuatro años que ha empezado a portarse muy mal en público, sobre todo cuando está con otros niños. Me da tanta vergüenza que quisiera que me tragara la tierra. He usado el rincón de pensar en casa durante un tiempo y me va bien, pero cuando estamos con algún amigo o en el parque no me hace ni caso. Si le llamo la atención por empujar a otros niños, me grita. Una de mis amigas celebra el cumpleaños de su hija la semana que viene y estoy tentada de no ir.*

R Una palabra que oigo continuamente a los padres es «VERGÜENZA», y en tu pregunta en seguida me ha llamado la atención. El comportamiento de los niños en público preocupa mucho a muchos padres. Se sienten juzgados cuando sus hijos montan el numerito delante de otras personas. Debes controlar este sentimiento, porque afectará al modo en que te comportes cuando salgas con tu hija.

Posiblemente una de las razones por las que la niña se porta de forma distinta fuera de casa sea que tú también lo haces. Muchos padres son firmes en casa, pero se sienten cohibidos en público, como si un ente superior los vigilara. O quizá les preocupe que el niño monte el numerito. La constancia es la clave de la disciplina. Recuerda que si adviertes a tu hija que no debe hacer algo, pero no tomas las correspondientes medidas cuando el comportamiento se repite, seguramente ignorará lo que le digas: para ella no será más que una amenaza hueca.

Si sales con tu hija y se porta mal, usa la *técnica del área de pensar*. Funciona exactamente igual que la del rincón de pensar. Si empuja a otros niños, les pega o algo similar, adviértele que no debe hacerlo. Si reincide, llévala al área de pensar, explícale por qué la llevas allí y dile que se va a quedar ahí cuatro minutos para pensar en su conducta y prepararse para pedir perdón. Puedes colocar el área de pensar en la misma habitación en que estén jugando los otros niños, pero a un lado. Así verá lo que se está perdiendo por no portarse bien con sus amiguitos. Aprenderá que, para poder jugar y divertirse, debe comportarse de un modo concreto. Si se mueve del área de pensar, no le sigas el juego ni discutas con ella su conducta. Devuélvela al punto de castigo sin mediar palabra hasta que se quede quieta en él durante el tiempo necesario.

Algunos niños muy cabezotas se niegan a sentarse en el área de pensar y se colocan a unos milímetros de la zona de castigo. Mientras la niña se siente, tampoco pasa nada por que no lo haga exactamente donde le has dicho. Por un día, vale; se trata de un punto invisible.

Lo que no debes consentir es que te grite. La próxima vez que lo haga, adviértele que eso es una grosería y que si tiene algo que decir debe decirlo con calma y educación. Si persiste en su actitud, continúa aplicando la técnica.

No te dé vergüenza castigar a tu hija delante de tus amigos; si no actúas, se preguntarán por qué no saltas a la palestra y tomas las riendas de la situación. Explícales lo que haces y seguro que te proporcionan apoyo moral. Dejar la vida social quizá sea una solución rápida a tu problema, pero a la larga no os beneficiará ni a ti ni a tu hija. Necesitas ver a tus amigos, y tu pequeña debe aprender a relacionarse con otros niños. Sé tan firme y constante con ella en casa como fuera y notarás la mejora.

También puedes usar la técnica en otras áreas o situaciones públicas. No te preocupes si la gente te mira o intenta darte consejo. Tú eres la responsable de la educación de la niña y la única que deber resolver ese problema concreto. He usado el área y las alfombrillas de pensar en diversas circunstancias con familias que creían que jamás podrían llevar a sus hijos a ningún sitio sin que la armaran y cuyas vidas, en consecuencia, se habían visto innecesariamente limitadas.

Si tu hija se desmanda por completo, llévatela. Por ejemplo, si estáis en el centro comercial, sácala y siéntate con ella en un banco hasta que se calme y puedas volver a intentarlo. De nada vale echar más leña al fuego.

Por si sirve de consuelo, también yo sé lo que es que otros intenten darte lecciones. Un niño del que cuidaba los fines de semana me montó un numerito en público. Aunque ya tenía seis años, siempre lo habían sacado en la sillita. Indignada, me negué a llevármela, ¡ni hablar! Antes de salir de casa, le expliqué que la sillita se quedaba en casa. Le dije que iríamos en autobús y lo pasaríamos muy bien. El niño estaba emocionado ante la perspectiva. Todo parecía ir bien hasta que llegamos a una calle grande y estalló: «¡QUIERO MI SILLITA!» Era una calle muy concurrida y no me quedó más remedio que sujetarlo hasta que se calmara. Mientras lo hacía, se me acercó una mujer y me dijo: «Perdone, ¿ha probado con tila? A mí siempre me ha ido muy bien.» «Muchas gracias», le contesté. Cuando el niño se dio cuenta de que con berrinches no iba a conseguir nada, lo pasamos estupendamente. No me molestó el consejo de aquella mujer; sólo hacía lo que se suele hacer en estos casos: intentar ayudar.

P ¿Cuántos años ha de tener un niño para que se pueda usar el rincón de pensar? Tengo un hijo de dieciocho meses que lo toca todo y al que no puedo controlar. Me paso el día diciéndole que no haga tal o cual cosa. ¿Qué me aconsejas?

R Me hacen mucho esta pregunta. Depende del nivel de madurez del niño. No aconsejo usar el rincón de pensar con uno tan pequeño como el tuyo, salvo que esté muy espabilado y hable lo suficiente. Para que la técnica funcione, tu hijo tiene que ser capaz de decir algo más que unas cuantas palabras o frases. Cuando hable con cierta fluidez, sabrás que su capacidad de raciocinio está lo bastante desarrollada. En la mayoría de los casos, hasta los dos años como mínimo no es posible usar ese método.

Tocarlo todo es lo que hacen los niños de año y medio. Aunque te desquicie, no es un problema de disciplina en absoluto, ¿no te parece? A los pequeños que empiezan a andar les apasiona explorar y no se cansan nunca: están en la fase de probarlo todo. La exploración del mundo forma parte de su modo de aprender, y es sana. Me encanta cuando vacían el tubo de pasta de dientes por el sumidero del lavabo o entierran un tesoro. Obviamente, nadie quiere que algo así pase todos los días, pero sucede, y eso demuestra que sus atareados cerebritos funcionan bien y a pleno rendimiento.

Te puedes ahorrar muchos disgustos si vas un paso por delante de tu hijo. Además, tendrás que repetirte una y otra vez para evitar las travesuras.

Algunos consejos:

- **SÉ REALISTA** Aunque te apetezca tener la casa preciosa, no esperes que sea un hogar de revista de momento. Retira del alcance de tu hijo los objetos de valor que pudiera estropear: no pongas tu mejor jarrón en el estante inferior. Cubre el sofá con una sábana o manta que se lave bien: no pierdas el tiempo intentando evitar que tu hijo plante sus deditos pringosos en la tapicería. Ten siempre a mano un paquete de toallitas. También es buena idea usar alfombras y cortinas lavables. Pon cierres de seguridad en las puertas de los armarios donde guardes los productos de limpieza y las medicinas. No olvides las normas básicas de seguridad: por ejemplo, guarda la plancha y la tabla de planchar en cuanto termines de usarlas.

- **CUIDADO CON LA ESCALADA** A los niños pequeños les encanta trepar para ver todas las cosas interesantes que suceden por encima de sus cabezas.

- **SEGURIDAD** Es buena idea ocultar los cables con un cubrecables. Ten cuidado con el cableado visible: tu hijo tirará de él para ver qué hay en el otro extremo. Pon protectores en todas las tomas eléctricas. Si no guardas las cintas de vídeo, no te sorprenda encontrártelas destrozadas. Algunos niños incluso mordisquean los CD.

- **MOMENTOS CRÍTICOS** Observa cuáles son los momentos del día más difíciles y adapta tu rutina en consecuencia para ver si las cosas mejoran. Si tu hijo suele portarse mal antes de comer, quizá tenga hambre. Adelanta media hora la comida. Si hace más travesuras por la tarde, tal vez esté cansado.

Sí, vas a necesitar un par de ojos en el cogote. Si ves que se avecina una tormenta, es preferible que distraigas a tu hijo con otra cosa a que tengas que regañarle después: «Vamos a ver qué hace el gato. ¿Estará dormidito?» También puedes usar la *técnica de la implicación* (pág. 217) para poder seguir con lo que estabas haciendo sin dejar de atender a tu pequeño. Si te pasas el día diciéndole «no hagas eso» o «esto no se toca», el niño se dará cuenta en seguida de que así consigue que le prestes más atención, y no dejará de hacerlo mientras le dé tan buen resultado.

P *¿Es aconsejable usar el rincón de pensar por rabietas? Mi hija de dos años acaba de empezar a tenerlas, y la de cuatro las ha tenido siempre. Aún me monta la pataleta cuando no consigue lo que quiere. No puedo con los berrinches de las dos cada cinco minutos.*

R ¿Que si aconsejo el rincón de pensar en caso de rabieta? Sí y no. Las rabietas son corrientes entre el año y medio y los dos años, razón por la que dicha etapa se conoce con el nombre de «los terribles dos», si bien hay quien piensa que los tres son peores en ese aspecto. En cualquier caso, prácticamente todos los niños tienen alguna rabieta antes de los tres o los cuatro años. Algunos pequeños tienen la mecha más corta que otros, y pueden tener un berrinche por semana o incluso uno diario durante algún tiempo.

En los niños pequeños, las rabietas suelen deberse a la frustración. Los bebés que empiezan a andar se encuentran en una fase en que, aunque se desarrollan muy rápidamente, sus aptitudes motrices todavía no responden a su voluntad exploradora, y a veces los decepcionan: están ansiosos por hacer algo, pero no lo consiguen. Otras veces, la frustración nace de su falta de aptitudes verbales para comunicar lo que quieren: «¡Ma, ma, MA!» («¿Es que no me entiendes, mami? ¡Que quiero un plátano!»). Lógicamente, también suelen enrabietarse si no les dejas hacer lo que quieren o, por el contrario, les pides que hagan algo que no les apetece hacer, sobre todo si es con prisa. Además, el cansancio, la tristeza o el cambio repentino de la rutina pueden ser igualmente causa de una rabieta.

Las rabietas no se pueden evitar, como tampoco puede evitarse seguramente el que el pequeño se sienta frustrado por el mundo que lo rodea. Sin embargo, siempre es posible detectar algún síntoma de que se avecina una tormenta y suavizarla antes de que se convierta en un berrinche en toda regla. Para ello, usa la *técnica de la implicación* (pág. 217).

Es importante que adviertas a tu hijo de los cambios de actividad: «Nos vamos al parque en cinco minutos. Ve a buscar las botas.» Sorprender a un niño con una actividad suele llevar emparejada una rabieta, porque el pequeño no tiene tiempo de asimilar el cambio. Debes convertirte en un reloj parlante e ir comunicándole el plan del día.

Si no puedes evitar la rabieta, la regla de oro es no sucumbir a ella, algo que muchos padres hacen por miedo. Si cedes, vendrán muchas más como ésa.

En el caso de tu hija de dos años, te aconsejo lo siguiente para sus rabietas:

- **ASEGÚRATE DE QUE NO PUEDE HACERSE DAÑO NI HACER DAÑO A OTROS** Procura que no haya cosas cerca que pueda romper. Algunos niños pierden el control por completo cuando la furia se apodera de ellos.

- **MANTÉN LA CALMA** No te enfades tú también; sólo empeorarás las cosas. Si no puedes controlarte y tienes claro que la niña no se va a hacer daño, sal de la habitación y haz unos ejercicios de respiración (pág. 192) para calmarte.

NO INTENTES RAZONAR CON LA NIÑA Está perfectamente y no te va a escuchar.

PROCURA NO SUJETARLA salvo que veas que va a hacerse daño. Un niño en plena pataleta siempre intenta zafarse y salir corriendo.

Por otra parte, debes intentar evitar las rabietas en la medida de lo posible. Observa en qué momentos del día o en qué situaciones suelen producirse. Ajusta la rutina como convenga si sospechas que tu hija es más propensa a los berrinches antes de las comidas, la siesta o la hora de dormir. La dentición o la incubación de alguna enfermedad también pueden desencadenar rabietas en los niños más pequeños.

Ten en cuenta, además, que la menor de tus hijas se sienta en primera fila durante las exhibiciones de furia de la mayor. Los niños pequeños observan a sus hermanos e imitan su comportamiento, bueno o malo. Cuando tu hija de cuatro años monta la pataleta para conseguir algo, ¿qué ocurre?, ¿terminas cediendo? Si es así, la pequeña verá inmediatamente que las rabietas funcionan.

En uno de los programas de *Supernanny*, senté al hijo mayor en el área de pensar por ponerse histérico. Al mismo tiempo, el pequeño estaba castigado en el banco de pensar por portarse mal. En cuanto el chiquitín vio que su hermano mayor pedía perdón, hizo lo mismo. Los niños aprenden unos de otros, y no sólo lo malo.

Cuando las rabietas o las peleas son el principal problema disciplinario en niños de más de dos años, suelo usar el **cuarto de meditar**, el **área de calmarse** o la **zona de relajarse**. Este método funciona exactamente igual que el rincón de pensar. Lo que se pretende es proporcionar al niño un espacio en el que tranquilizarse y pensar en su comportamiento.

Una de las familias de *Supernanny* tenía verdaderos problemas con sus gemelos de cuatro años. Los niños se portaban más o menos bien en el cole, pero no en casa, donde las rabietas podían durar cuatro horas seguidas, acompañadas de gritos, patadas, mordiscos y palabrotas. Ni el padre ni la madre afrontaban estos berrinches; se limitaban a reducir la tensión. Quizá ése sea un buen método para un niño pequeño que no puede evitar que el mundo lo exaspere a veces, pero no es la forma correcta de tratar a un niño mayor que sabe perfectamente lo que está haciendo.

Prestar atención a un niño mayor por una rabieta es como aplaudir su exhibición de pataleo. Además, demuestra al niño que sus padres no tienen ni idea de cómo atajar el problema de raíz. No lo toleres.

Con otra familia del programa, designamos un *área de calmarse*. Cada vez que uno de sus gemelos la armaba o se portaba mal, se le advertía. Si la mala conducta proseguía, lo llevábamos al área de calmarse, le explicábamos por qué lo dejábamos allí y le pedíamos que no se moviera en cuatro minutos. Transcurrido ese tiempo, el niño debía pedir perdón. Las fases son idénticas a las del rincón de pensar, pero al llamar al método «el área de calmarse», los gemelos entendían perfectamente que lo que querían sus padres era que dejaran de hacer rabietas.

A los padres les llevó algún tiempo cogerle el tranquillo a la técnica. Una de las cosas que más les costó a los dos fue salir del área de calmarse sin decir una palabra a los gemelos en plena pataleta: a la madre porque, una vez reunido el valor para hacer frente a la conducta de sus hijos, le resultaba muy difícil marcharse y dejarlo estar; al padre porque le costaba mucho controlar su furia. Una mañana en que la niña se negaba a vestirse y se les hacía tarde, el padre abandonó el método por completo y la encerró con llave en su cuarto para poder llevar al niño al colegio en coche.

Cuando ya se le ha dado al niño la explicación, es esencial saber ser constante y marcharse sin mediar palabra. No muerdas el anzuelo: la rabieta se multiplicará y el método no servirá para nada. Si le das conversación a tu hijo cuando está furioso, te verás en medio de un insensato tira y afloja: «¡Que sí!», «¡Que no!», sí, NO, sí, NO. No digas una palabra. Dale la explicación, márchate y dale tiempo para que se calme. Al igual que con el rincón de pensar, tendrás que devolver al niño al área de calmarse cada vez que se escape, e insistir en que debe pedir perdón cuando llegue el momento.

Un último consejo: actúa de inmediato. En cuanto tu hija de cuatro años empiece a patalear, castígala por su comportamiento. No des lugar a que se convierta en un berrinche. Castigar a tus hijos en cuanto se porten mal es una de tus responsabilidades. No esperes hasta que no puedas más: eso os agotará.

Para ayudar a aquella familia del programa a superar la furia y la frustración que les producían las rabietas de sus hijos, les pedí que pusieran en práctica unos **ejercicios de respiración**.

CÓMO FUNCIONA LA TÉCNICA

- Inspira lentamente por la nariz mientras cuentas hasta cinco. Imagina que te estás inflando un globo enorme en la tripa, desde el diafragma.

- Exhala lentamente por la boca mientras cuentas hasta cinco. Expulsa todo el aire del globo imaginario hasta desinflarlo.

- Repítelo cada vez que tengas que devolver a tu hija al área de calmarse.

P Tengo una niña de seis años con hiperactividad. La están medicando, pero su conducta es muy conflictiva. ¿Qué podemos hacer? Hemos probado el rincón de pensar, pero no nos ha servido de mucho.

R En tu situación, yo aconsejaría un método distinto: la *técnica de «a la próxima te vas»*. Los padres con hijos hiperactivos tienen que aprender a hacer concesiones. Es importante que te conciencies de que no podrás controlarlo todo. Este método es algo distinto del rincón de pensar, porque los niños hiperactivos suelen ser obstinados y persistentes.

CÓMO FUNCIONA LA TÉCNICA

- Cuando tu hija incumpla una norma o se porte mal, adviértela como siempre: ponte a su nivel y mírala a los ojos.

- Si el comportamiento continúa, llévatela a alguna otra parte más tranquila, donde no tenga distracciones, y explícale que no vas a tolerar esa conducta. Dile que hablarás con ella cuando esté dispuesta a pedir perdón. Estos niños no siempre responden a un intervalo de tiempo preestablecido, pero estate preparada para hablar cuando quiera disculparse.

- Mantén la calma y no olvides que lo importante es aprender a convivir con la enfermedad de tu hija. No puedes luchar contra ella: debes recuperar la armonía de la vida familiar.

- Continúa con lo que estuvieras haciendo, y elogia mucho a tus otros hijos si se portan bien.

Esta técnica funciona muy bien con niños que sufren este tipo de trastornos. Si se los ignora por completo cuando se portan mal, aprenden que así no les harán más caso. No te rindas hasta que tu hija pida perdón. Un niño que se porta mal constantemente para llamar la atención se da por vencido cuando no obtiene la respuesta habitual.

P En casa, los juguetes son una de las principales causas de disputa. Tenemos cuatro chicos (de seis a once años) y no pasa un día sin que se peleen por quién juega con qué. Además, son muy destructivos, y todo lo que les compramos termina roto en cuanto nos descuidamos, hasta las cosas caras que más les cuesta conseguir. ¡Socorro!

R Entre niños, los juguetes son a menudo la manzana de la discordia. Los chicos suelen ser más posesivos que las chicas, y éste es uno de los mayores motivos de discusión. Si tus hijos siempre riñen por los juguetes, y no los valoran lo suficiente para cuidarlos, te aconsejo que uses la *técnica de la confiscación de juguetes*.

CÓMO FUNCIONA LA TÉCNICA

- Reúne todos los juguetes de tus hijos. Sienta a los niños y pídeles que elijan diez juguetes cada uno. Explícales que ésos son los juguetes con los que van a poder jugar de momento. Si rompen uno, se quedan sin él. Diles que cuando demuestren que pueden jugar tranquilos con sus juguetes y unos con otros, les devolverás los demás, uno por uno.

- Dale un cubo a cada niño (de un color distinto o etiquetado con su nombre) y diles que metan en él sus diez juguetes.

- Prepara aparte un par de cubos grandes para el resto y ponles una etiqueta que diga «JUGUETES CONFISCADOS». Pídeles a tus hijos que te ayuden a llenar los cubos de confiscación. Luego escóndelos: mételos en algún sitio donde tus hijos no puedan encontrarlos.

- Cada vez que uno de los niños se porte mal, quítale un juguete de su cubo. Cuando vuelva a portarse bien, devuélveselo en mano como premio por su buena conducta.

Te aconsejo que uses esta técnica en combinación con el rincón de pensar (o cualquiera de sus variantes) para enseñar a tus hijos que no deben ser agresivos ni destructivos. Además, mientras estés usando la *técnica de la confiscación de juguetes*, no les compres ninguno nuevo. Deben aprender a valorar lo que tienen primero.

También es buena idea enseñarles de forma positiva (por ejemplo con la *técnica del juego en grupo*, pág. 219) que compartir los juguetes y jugar juntos sin pelearse es mucho más divertido.

Consejo: ¡Fuera de juego!
Si de pronto tu salón se convierte en un campo de fútbol y tú en el árbitro, deja claro a tus hijos con qué se puede jugar en casa y con qué hay que jugar en el parque.

La otra cara de la moneda

Para cerrar este capítulo, enteramente dedicado a los distintos modos de disciplinar a los niños mediante un control firme y justo, quisiera decir que todo esto es sólo una cara de la moneda. Jamás uso el castigo de forma aislada. La disciplina enseña al niño que su comportamiento tiene consecuencias; los premios y el refuerzo positivo le enseñan a portarse mejor.

El elogio, el reconocimiento, los gráficos de estrellas y otras ayudas visuales, los caprichos y las salidas especiales son esenciales para multiplicar las ocasiones en que tus hijos se portan como quieres. En el siguiente capítulo, veremos cómo combinar el control firme y el refuerzo positivo para llevar a tus hijos por donde quieres que vayan.

7 Refuerzo positivo

Este capítulo, aunque el último del libro, no es el menos importante. Los padres se obsesionan muy a menudo con las áreas problemáticas o con algunos tipos específicos de mal comportamiento y olvidan que ser padre es algo más. La disciplina es una parte esencial de la educación de los niños, pero también lo es la adopción de una actitud positiva que estimule a los pequeños a lograr sus objetivos en la vida.

El refuerzo positivo mediante el elogio, el premio y las actividades en grupo constituye la otra cara de la moneda. Con una respuesta positiva, podrás llevar a tus hijos por el camino del buen comportamiento que te interesa potenciar. Además, de ese modo se crean vínculos entre padres e hijos, lo que incrementa la unidad familiar. Esto es tan importante como castigar al niño cuando incumple una norma doméstica o se pasa de la raya.

Muchas de las familias con las que he trabajado en *Supernanny* libran su batalla en varios frentes. El comportamiento se ha deteriorado tanto que cada día es una lucha constante, desde primera hora de la mañana hasta última hora de la noche. Cuando se llega a este punto, quizá cueste ver la luz al final del túnel o incluso encontrarle algo positivo a la vida familiar. Los padres se sienten tensos, desanimados, hasta deprimidos. Con frecuencia, mi labor consiste en hacer ver, a unos padres agotados por los problemas a los que se enfrentan, que hay aspectos de la conducta de sus hijos que merecen elogio y aprobación, y demostrarles que el estímulo es una herramienta poderosa que puede acabar con las travesuras. Si se estimula y se premia el buen comportamiento, el niño encuentra un incentivo para seguir portándose bien. Se trata de potenciar su autoestima para que quieran continuar siendo buenos.

El refuerzo positivo puede cambiar la dinámica familiar por completo: fomenta la confianza, el respeto y la autoestima, tanto en los padres como en los hijos. Y lo más importante: permite recuperar el afecto y la diversión, la base de la vida familiar.

Temas y técnicas tratados en este capítulo:

CÓMO ELOGIAR A TU HIJO, qué decirle y cómo decírselo.

TÉCNICA DEL UNO A UNO, para disfrutar de una atención individualizada.

LA CAJA DE PENSAMIENTOS O EL VIDEODIARIO, para abrir las líneas de comunicación.

CÓMO PREPARAR UNA GRÁFICA DE PREMIOS para estimular el buen comportamiento.

FANTASÍAS Y JUEGO SIMBÓLICO, diversión familiar para que los padres saquen al niño que llevan dentro.

TÉCNICA DE JUGAR Y MARCHARSE para que los niños aprendan a jugar solos.

TÉCNICA DE LA IMPLICACIÓN, para que tus hijos estén ocupados mientras tú sigues con tus cosas.

TRABAJO EN EQUIPO, cómo enseñar a los niños a que trabajen y jueguen en grupo.

TÉCNICA DEL JUEGO EN GRUPO, para enseñar a los niños a jugar juntos sin pelearse.

Cómo elogiar a tu hijo

Al principio del capítulo de «Dinámica familiar» (pág. 10) hablamos de las distintas voces que debes usar para comunicarte con tus hijos. La *voz de la aprobación* es el tono que conviene que uses para demostrar a los niños tu satisfacción con su comportamiento. Es lo contrario de la *voz de la autoridad*: en lugar de ser un tono bajo y serio, es alto y entusiasta. Muchas personas suben el tono instintivamente cuando hablan con bebés o niños muy pequeños. Ésa es la voz que debes usar para elogiar a tu hijo. También puede emplearse el contacto físico para transmitir aprobación y confianza: una palmadita en la espalda, un abrazo o un beso, un apretón en el hombro. ¡Sonríe! El lenguaje corporal es muy importante. Pero adapta la respuesta a la edad de tu hijo: a un niño de nueve años le parecerá que estás siendo condescendiente si lo elogias igual que a uno de dos. Dile: «¡Muy bien!», con entusiasmo, y dale una palmadita. «¡Gracias por ayudar a mamá a poner la mesa! ¡Mira, si hasta has puesto los mantelillos!», «¡Muy bien! ¡Has esperado muy bien mientras vestía a tu hermana! Luego estaremos más rato en el parque», «Te has portado muy bien en casa de la abuela, y has dicho por favor y gracias. ¡Bien hecho! ¡Estoy muy contenta!»

Cuando adviertes a tus hijos, les explicas por qué lo haces y les indicas qué han hecho mal. El elogio funciona exactamente igual: cuando los niños se porten bien, destaca su buen comportamiento. Dile a tu hijo qué ha hecho bien y lo mucho que te alegra. Si no identificas el buen comportamiento, ¿cómo sabrán tus hijos por qué los elogias? Por ejemplo, tu pequeño suele hacer de las suyas mientras vistes a su hermana para salir. Hoy ha estado tranquilo jugando con su trenecito. Lanzas un suspiro de alivio y lo elogias: «¡Muy bien, hijo!» Si no especificas el motivo, el niño no sabrá a qué se debe tu comentario: ¿es por jugar con el trenecito?, ¿por conseguir completar el circuito sin que descarrile?, ¿por hacer bien el chucuchú ferroviario?

Exprésalo positivamente. No le digas: «Menos mal que hoy no la has armado mientras vestía a tu hermana.» Dile: «Hoy has sido muy bueno porque has jugado tranquilo mientras esperabas. Así he podido vestir bien a tu hermana, y podremos estar más tiempo en el parque». Al exponérselo de este modo, el niño ve que su buen comportamiento ha tenido un resultado positivo.

Muchos padres olvidan destacar la buena conducta de sus hijos, por varias razones. Una es que el buen comportamiento, sobre todo en niños muy pequeños, suele ser sencillamente la ausencia de mal comportamiento. Tu pequeño no te ha dado mucho la lata esta mañana. Se ha dejado vestir sin resistencia, se ha tomado el desayuno sin tirarlo todo por el suelo y ha jugado contento durante quince minutos mientras recogías la cocina. Todos y cada uno de esos logros merece tu atención y aprobación. Si no premias el buen comportamiento con elogios, tu hijo pensará que ni te has dado cuenta y no tendrá incentivo para repetirlo.

Los padres esperan a menudo que sus hijos se porten de una forma determinada cuando, para empezar, nunca les han enseñado lo que quieren que hagan. No digo que haya que premiar constantemente a los niños por algo que deben hacer siempre, como pedir las cosas por favor o dar las gracias, pero si les cuesta ser educados y lo han hecho bien, merecen un elogio. Al cabo de un par de semanas, puedes dejarlo correr y proponerles un nuevo reto. De vez en cuando, puedes recordarles tu aprobación: «¿Puedo beber más, por favor?», te pregunta tu hija; «Claro que puedes, porque me lo has pedido muy bien».

Algunos padres no se dan cuenta de que sus hijos se portan bien porque están demasiado absortos disfrutando de esa paz que les permite continuar con sus quehaceres domésticos. Otros quizá se den cuenta de que el día está siendo más tranquilo de lo habitual, pero no les parece oportuno comentarlo en voz alta o reconocerles el esfuerzo a sus hijos: «Vaya, ha sido más fácil de lo que esperaba. Sam ha debido de dormir mejor esta noche. No creo que dure», piensas; o «¡Qué tranquila está Lucy hoy! ¿Estará incubando algo?». El buen comportamiento de tus hijos no es de chiripa.

Hay padres que caen en la trampa de prestar atención a sus hijos sólo cuando se portan mal. Esta pauta puede ser muy difícil de romper. Un niño necesita la atención de sus padres, y si no la consigue portándose bien, tocará todos los palos habidos y por haber hasta que lo logre.

También puede que resulte difícil detectar el buen comportamiento de un niño cuando el otro se porta fatal. Sin duda, hay que poner remedio a la mala conducta, pero sin dejar de elogiar al niño que lo está haciendo bien: no van los dos en el mismo barco.

Con los más pequeños, el elogio y la aprobación, al igual que las advertencias, deben manifestarse en el momento. No esperes para elogiar a tu hijo: una respuesta inmediata lo ayudará a asociar buen comportamiento y atención positiva. Con los mayores, puedes ir demostrando tu aprobación a lo largo del día. Conviene, además, repasar los momentos destacados del día a medida que éste avance. Cuando acuestes a tus hijos, recuérdales lo que han hecho bien y la satisfacción que te produce. Es una forma positiva de terminar el día.

MUY IMPORTANTE

Reconocer el buen comportamiento de tus hijos y elogiarlos por ello es el mejor premio que puedes darles.

Consejo: Técnica del uno a uno

En Supernanny, siempre procuro que los padres entiendan que todos sus hijos precisan una atención individualizada tanto de mamá como de papá. Esa atención es muy importante para el niño, porque refuerza su noción de sí mismo como individuo único, con sus gustos y aversiones, y le permite desarrollar su personalidad. No hablo de pasar horas y horas fuera de casa. No es una cuestión de cantidad, sino de constancia. Ateneos a vuestra rutina e intentad pasad los dos el mismo tiempo con cada uno de vuestros hijos. Turnaos para no quedaros estancados siempre en el mismo papel.

P Mi madre dice que elogio demasiado a mis hijos. Insiste en que si sigo alabándolos por cualquier cosita, cuando crezcan, serán unos niños consentidos.

R No estoy de acuerdo en absoluto. No creo que se deba escatimar el elogio jamás. Si tus hijos se portan bien (o simplemente no se portan mal), debes mostrarles tu aprobación incondicional. Muchos padres se reservan el elogio para las grandes ocasiones y pasan por alto las cosas pequeñas. Sin embargo, el elogio es una herramienta esencial para llevar a los niños por el buen camino. Además, es la clave para reforzar la autoestima del pequeño.

En *Supernanny*, siempre premio a los niños que saben resolver satisfactoriamente sus problemas de conducta, es decir, premio la capacidad de darle la vuelta a una mala situación. No obstante, hay veces en que es obvio que el niño se porta bien para recibir aprobación y elogios: «¡Mira! ¿A que estoy siendo bueno?» El elogio puede resultar mucho más eficaz cuando se premia un buen comportamiento que podría haber pasado desapercibido. Supongamos que has invitado a casa a una amiga y, mientras habláis, tus hijos juegan juntos y tranquilos. Si luego los elogias, se sentirán muy satisfechos de sí mismos. Sabrán que te has dado cuenta y que aprecias lo que han hecho.

El elogio no hace presumidos a los niños, les proporciona la seguridad de que van por buen camino. Un niño satisfecho consigo mismo porque se ha elogiado su buen comportamiento o ha realizado correctamente una tarea nueva para él no es un niño engreído.

En una ocasión, conocí a una familia cuya madre soltera, Kelly, tenía serios problemas con sus dos hijos. Sophie, la mayor, estaba prácticamente fuera de control y tenía la autoestima por los suelos. Un día le dije a Sophie que tenía un pelo precioso. Poco después, la niña le pedía a su madre unos clips para el pelo y se los ponía, algo que jamás había hecho antes. Kelly interpretó como vanidad el que su hija se peinara delante del espejo, pero lo que demostraba Sophie es que, gracias a mi cumplido, se sentía capaz de realizar aquella tarea ella sola.

¿Qué es un niño «consentido»? ¿Aquel al que se le permite todo? Muchos niños «consentidos» son hijos de padres que jamás les han puesto límites; otros son simplemente maleducados o groseros, o quizá niños a los que se les compra todo y se los sobrecarga de posesiones materiales. Es fundamental enseñar a los niños a pedir las cosas por favor y a dar las gracias, pero jamás escatimes elogios: lo que sale del corazón no cuesta nada.

P *Mi hija de nueve años no habla conmigo; le cuenta las cosas a su padre, pero no consigo que se abra conmigo. Si le pregunto cómo le ha ido en el cole, se limita a contestar: «Bien», y se cierra como una ostra. Después, cuando llega su padre, le empieza a contar absolutamente todo lo que ha hecho, como si le dieran cuerda. ¿Qué hago mal? Me siento como un cero a la izquierda para ella.*

R La comunicación es una calle de dos sentidos. La negativa de tu hija a hablar contigo me dice que algo va mal en su percepción de ti.

Como es lógico, los padres quieren saber qué han hecho sus hijos durante el día, pero algunos someten a los niños a un auténtico interrogatorio cuando vuelven del cole: «¿Qué has hecho hoy? ¿Con quién has jugado? ¿Qué te ha dicho el profe de los deberes?» Si el niño se siente agobiado por tanta pregunta, responde con términos vagos, como «Bien», «No sé» o «No me acuerdo». Las preguntas de los padres suelen revelar sus propias angustias y a veces ponen a los niños en un aprieto. Yo a veces les pregunto qué les ha hecho reír en el cole, una forma menos amenazadora de iniciar un intercambio de noticias.

¿Cuánto tiempo le dedicas a tu hija individualmente? No se puede invertir en un fondo de bajo rendimiento y esperar grandes beneficios. Debes dedicar tiempo a alimentar vuestra relación. Reserva un momento todos los días para estar a solas con ella: ved la tele juntas, leed un libro, jugad a algo o haced cualquier cosa las dos, como sacar a pasear al perro. Implícate más con ella y verás cómo, en cuanto encuentre el espacio emocional que necesita, te cuenta cosas sin que le preguntes o empieza ella una conversación contigo. Alimenta su confianza y su seguridad en sí misma y demuéstrale que estás interesada en ella como individuo.

En un programa de *Supernanny*, les hice un examen a los Doyle. Los padres se sorprendieron de que yo conociera mejor las preferencias de sus hijas que ellos mismos. No es que sea adivina: me senté un rato con las dos mientras coloreaban sus cuentos, y ellas se sinceraron conmigo de forma natural y me contaron sus cosas. Yo me limité a concederles tiempo.

Prueba a darle a tu hija una *caja de pensamientos*. Busca una caja pequeña que esté vacía y decórala. Luego, cómprale un bloc de notas y un boli especiales y pídele que apunte sus pensamientos y los meta en la caja: lo que la hace feliz, lo que más le ha gustado del día y lo que menos le ha gustado o la ha entristecido. Elige un momento para sentarte con ella y leer juntas las notas que haya dejado en la *caja de pensamientos*. Usamos esta técnica con los Wischmeyer: el mayor de sus hijos, Jared, había adquirido el hábito de no contar nada porque a menudo lo culpaban injustamente de las travesuras de sus hermanitas gemelas. La *caja de pensamientos* le permitió librarse del peso del silencio y que su madre supiera cómo se sentía.

Si tenéis videocámara, también puedes proponerle que grabe un videodiario. Prepárale la cámara y enséñale a usarla. Cuando haya grabado un par de mensajes, siéntate a verlos con ella.

P *Tengo un presupuesto bajo, ¿cómo puedo preparar una gráfica de premios para mis hijos como las que salen en* Supernanny*?*

R Todas las gráficas y ayudas visuales que usamos en *Supernanny* se hacen especialmente para cada familia, porque es fundamental que se ajusten a la edad de los niños y a sus intereses. Los niños muy pequeños responden bien a las cosas sencillas, claras y explícitas; los mayores aprecian más los diseños o las imágenes que apelen a su imaginación o se relacionen con sus actividades favoritas. Usamos materiales básicos, baratos y fáciles de conseguir o que las familias del programa ya tienen en casa, como cartulinas y rotuladores, frascos y piezas de juegos de construcción.

Con los niños más pequeños, me gusta usar las **gráficas de premios** junto con la disciplina para reforzar la buena conducta, proporcionar al niño una meta y una gratificación instantánea. Si el niño se porta mal, desciende un nivel en la gráfica. Con un gráfico de puntos normal, se le dan al niño pegatinas por su buen comportamiento. La gráfica de premios, sin embargo, se usa para que el niño vea cuándo se ha portado mal, porque puede ascender o descender por ella.

Si tienes más de un hijo, cada uno debe disponer de su propio espacio en la gráfica (un camino, una escalera, una pasarela de piedras) que conduzca a su meta. O cada niño debe tener su propio cubo, su frasco o su torre. Sin embargo, si tus hijos se pelean o se provocan cuando se portan mal, y lo que pretendes es que aprendan a convivir, usa una sola gráfica o torre para que, cuando uno se porte bien, todos se beneficien y viceversa.

Es divertido hacer tus propias gráficas y no es difícil. Tus hijos apreciarán el esfuerzo; además, puedes pedirles que te ayuden a dibujarlas o colorearlas. También les encanta que se usen fotos suyas.

Te propongo algunas ideas para empezar:

- Para los gemelos de cuatro años de los Douglas, cuyos padres trabajaban en el aeropuerto de Heathrow, hicimos un mural del cielo. La meta de los niños era el sol, y los peldaños para llegar hasta él eran nubes. Cada niño tenía un avión de juguete que sujetábamos a la nube con un poco de masilla adhesiva. Si uno de los gemelos se portaba bien, su avión volaba hasta la nube siguiente; si se portaba mal, se le castigaba y su avión descendía una nube. Cuando el avión llegaba al sol, les dábamos un premio.

- Con los Cooke, como a las dos niñas les encantaba disfrazarse, usamos una foto de un castillo. Cada una tenía un recorte de una princesa (con una foto suya pegada en la cara) que subía hacia el castillo si se portaba bien y retrocedía si se portaba mal. Cuando llegaban al castillo, se les daba un premio.

- Para las tres hijas de los Schwartz, usamos un dibujo de colores por números. La imagen era una mariposa, y los números de las distintas secciones que había que

colorear se correspondían con las edades de las niñas. Cada vez que una de las niñas se portaba bien, le dejábamos que coloreara una de las secciones de la mariposa que llevara el número de su edad. Cuando estaban coloreadas todas las secciones de su número, se le daba el premio que elegían sus padres.

- Con los Facente, usamos otra variante: un dibujo de una casa de chocolate con dos entradas. Cada niño tenía un osito que subía por su propio sendero de piedras hasta la casa. Cuando el niño se portaba bien, el osito avanzaba por el sendero hacia la puerta; si se portaba mal, retrocedía. Cuando llegaba a la puerta, se le daba un premio.

- Para los McMillion, usamos una gráfica de premios en forma de tarta. Cada niño tenía su trozo de tarta, y se les daban vales por portarse bien o se les quitaban si se portaban mal. Con cuatro vales, podían conseguir un trocito de su pedazo de tarta y un premio pequeño; con cinco trocitos, se les daba un premio mayor.

Consejo: Cuándo es preferible la gráfica de estrellas

Los gráficos de puntos es preferible cuando se pretende animar a un niño a que pierda un mal hábito (como hacerse pis en la cama), pero no se quiere resaltar el número de veces que el niño no lo consigue. El gráficos de puntos, sólo registra los progresos, no los fracasos.

- En casa de los Tsironis, usamos unos recipientes de plástico transparentes como **frascos de premios**, uno para cada niño. Empezamos con tres *bolas de premio* en cada frasco. Cuando un niño se portaba bien, le dábamos una bola para su frasco; si había que llevarlo al *punto de pensar*, le quitábamos una bola de su *frasco de premios*. Cuando uno de los niños conseguía reunir diez bolas, se le daba un premio elegido por sus padres.

- Una gráfica de premios hecha con un dibujo de unir puntos, como la que usamos con los Cantoni, también motiva a los niños a trabajar en equipo. Cada vez que uno de los niños se porta bien, se le deja trazar una línea entre dos puntos; si se porta mal, se borra la línea. Cuando se consigue unir todos los puntos y el dibujo queda al descubierto, se le da un premio al niño.

- Con los Wujcik, tiramos la casa por la ventana y preparamos una *caja de premios* en forma de serpiente. Cogimos una caja de cartón y la decoramos con hojas y motivos selváticos; después, le hicimos un agujero en la tapa y la llenamos de serpientes de goma. Cada serpiente tenía un premio distinto escrito en la cola. Les dimos a los niños una red para cada uno. Si se portaban bien, podían sacar una serpiente del nido y meterla en su red. Cuando conseguían reunir cuatro, se les permitía escoger una. Su premio era lo que estuviera escrito en la cola del animal.

* También puedes usar una variante de la *gráfica de premios* para enseñar a tus hijos a trabajar en equipo y ser responsables. Con los tres chicos de los Young, que eran muy agresivos, destructivos e irrespetuosos, y a menudo se fomentaban unos a otros el mal comportamiento, usamos una *torre de premios*. Les quitábamos una bola de la torre cuando alguno de ellos se portaba mal, y la añadíamos si se portaban bien. Cuando conseguían reunir diez bolas en la torre, tenían un premio. Esto los estimuló a trabajar en equipo de forma positiva. Puedes hacer tu torre de premios con cualquier juego de construcciones, como hicimos en otro programa, en el que numeramos las piezas en lugar de usar bolas.

Consejo: Diversión gratuita

No hace falta que te gastes una fortuna para divertirte con tus hijos. Reúne botones viejos, trozos de tela, lana, hilo o papel de aluminio; recorta fotos de revistas; recicla el papel de regalo, las cajas de cereales vacías o los tubos de los rollos de papel higiénico, y da rienda suelta a tu creatividad con unas tijeras y un poco de pegamento. Haz bonitos joyeros, cohetes, robots, animales de juguete..., lo que se te ocurra. No es necesario que te conviertas es un as de las manualidades. Los álbumes de recortes son un pasatiempo muy popular y una forma perfecta de entretenerte con tus hijos. Yo tengo mi propio álbum de recortes de Supernanny, obsequio de una de las familias de la edición estadounidense del programa.

V de Voluntad.

Esfuérzate al máximo y recibirás la recompensa de los resultados.

P ¿Está mal premiar a un niño de siete años con dinero cuando se porta bien? No veo qué hay de malo en una «paga por rendimiento», pero mi mujer no está de acuerdo.

R La palabra clave de tu pregunta es «premio». ¿Se trata de un premio o de un soborno? Si le dices a tu hijo que le vas a pagar si hace tal o cual cosa, tarde o temprano te crecerá un pequeño agente de bolsa que tratará de negociar su tarifa por buena conducta, y en menos de una semana empezarás a notar la inflación.

¿Cuál es el mejor premio? El que produce resultados. La atención positiva y el elogio son esenciales. El premio en metálico es un buen incentivo para los niños mayores que ya han llegado a una etapa en la que tienen objetivos: por ejemplo, a lo mejor quieren algo material que no pueden comprar con su paga. En *Supernanny*, con los Pandit, usamos un premio en metálico basado en puntos: un punto equivalía a 20 céntimos. Jamie, el mayor, era muy listo, tanto como para entrar en eBay y comprarse, con la tarjeta de crédito de su padre, el tren Hornby de 75 euros que quería.

Para mí es siempre una alegría saber que un sistema de premios ha ido tan bien que ya no es necesario seguir usándolo. Hace poco tuve noticias de una de las familias de *Supernanny*, los Cooke, con los que usamos una gráfica de premios para resolver el problema de conducta de sus tres hijas. Denise, la madre, me contaba que ha dejado de usarlo porque todo iba tan bien que ya no lo necesitaba. Ahora las niñas saben que se las premiará si se portan bien.

Hay cosas que tu hijo debería hacer sin esperar un premio a cambio, como tener ordenado su cuarto o hacerse la cama. No conviene llenarle los bolsillos a un niño por hacer lo que se supone que debe hacer de todas formas. Si se premia en exceso a un niño por un comportamiento normal, pronto aprenderá a manipular la situación. ¿No querrás que te salga con un «¿Qué me das si lo hago?»? Porque entonces el premio deja de serlo para convertirse en un soborno.

No hay nada malo en darle a un niño de siete años una pequeña paga semanal para que aprenda lo que vale el dinero y lo que cuestan las cosas. Podéis reuniros los dos y hacer una lista de los juguetes que quiere para que vea que, si ahorra la paga, podrá comprarse uno de ellos con su dinero. Procura que la lista no sea muy larga y que los juguetes que ponga en ella no sean muy caros: para un niño de siete años, pasarse semanas y semanas ahorrando puede ser un problema. También puedes darle pequeñas cantidades por hacer tareas extraordinarias, pero no te aconsejo que te excedas. Una familia funciona mejor por afecto y respeto que por el vil metal. El niño es tu hijo, no tu empleado.

Consejo: Forro adhesivo

Cuando hagas una gráfica de premios, fórrala con plástico adhesivo o plastifícala (no cuesta mucho). Así podrás mover fácilmente los recortes por la gráfica con un poco de masilla adhesiva o similar. Además, podrás reutilizar la gráfica tantas veces como quieras sin que se estropee.

P ¿Qué tipo de premios puedo usar junto con la gráfica de premios? Mis hijas ya tienen juguetes de sobra.

R ¿Qué es lo que más necesita un niño? A menudo no es el juguete o el cacharro de moda, por mucho que te lo supliquen, sino que les dediques tiempo y atención. Un padre responsable debe tener esta premisa por costumbre. Cuando el niño se siente desatendido, surge el mal comportamiento.

A mi juicio, es preferible premiar a un niño con una salida, un juego o un rato especial con su padre o su madre más que con posesiones materiales o dulces. No me parece mal ofrecerles de cuando en cuando un caprichito o algún juguete, pero el tiempo y la atención son mejores premios y contribuyen enormemente a fortalecer los lazos familiares.

¿Qué les gusta hacer a tus hijas? ¿Qué capricho haría ilusión a cada una de ellas? ¿Cuál sería un buen premio para toda la familia? Un día en la piscina municipal, cualquier actividad divertida (como hacer una tarta o manualidades), un poco de atención individualizada con mamá o papá, jugar al juego favorito o practicar el deporte que más les guste podrían ser pequeños premios; una peli en el cine, una comida en un restaurante, un día en un parque temático o cualquier otra actividad, como el patinaje sobre hielo o la bolera, que no se realizan habitualmente, podrían constituir un premio grande. Estas ocasiones especiales pueden disfrutarse en familia o por separado: cualquiera de las niñas con papá o mamá.

P Quizá parezca una pregunta rara, pero ¿cómo se juega con un niño? Mis hijos siempre me piden qué juegue con ellos, pero nunca se me ocurre qué hacer y siempre terminamos recurriendo a los mismos juegos de mesa. Estoy un poco harta de la oca, y seguro que ellos también.

R Para divertirte con tus hijos, tienes que sacar al niño que llevas dentro. Jugar siempre al mismo juego de mesa es aburrido. El juego se convierte en una tarea rutinaria. Pregúntales qué quieren hacer.

No eres la única. A muchos padres les cuesta jugar con sus hijos. A algunos les da vergüenza desmelenarse y hacer el ridículo. Otros aprovechan que los niños están jugando para poder hacer sus cosas. Hay quienes se sirven del juego para competir con sus hijos, como el típico padre que no deja que el niño le gane al ajedrez o la madre que siempre gana al Monopoly, y lo único que consiguen es que el juego se convierta en algo estresante.

El juego es un instrumento de aprendizaje y esparcimiento para los niños. Con el juego en grupo aprenden a trabajar en equipo y cooperar. El juego en familia fortalece los vínculos de afecto y confianza. Siempre recuerdo a mi madre (que medía menos de metro y medio) abrochándose unos patines de ruedas. Todas mis amigas pensaban que molaba un montón. Nos enseñó a patinar de espaldas. No tenía miedo de portarse como una niña grande y divertirse. ¡Se lo pasaba mejor que nosotras!

Así que lo primero que te aconsejo es que guardes esos juegos de mesa una temporada y saques a la niña que llevas dentro. Prueba con alguna *fantasía*. Yo he pedido a padres que corrieran por el patio de su casa con un pañuelo en la cabeza como si fueran piratas; he animado a algún papá a sentarse en una tienda de campaña en pleno salón de su casa con sus hijos y partir rumbo a Marte en busca de alienígenas... Piensa en un escenario, busca el atrezo y el vestuario, y adelante. No tiene por qué ser una historia perfectamente estructurada, mejor que fluya con naturalidad. Deja volar la imaginación y tus hijos se lo pasarán en grande.

Aprende a mirar el mundo de lado, como hacen los niños. Un colador puede ser un casco de caballero; la purpurina, polvos mágicos; una sábana por encima del sofá puede convertirlo en la cueva perfecta... El escondite, por ejemplo, es una buena forma de introducirte en su mundo.

También puedes probar con un *juego simbólico*. A los niños más pequeños les encanta jugar a las casitas u organizar meriendas ficticias. Puedes convertirte en paciente y dejar que tus hijos te devuelvan la salud. No es necesario comprar un maletín de médico de juguete; improvisa vendajes con pañuelos de papel y usa el tubo de un rollo de papel higiénico como estetoscopio.

El juego puede ser productivo y ayudar al niño a concentrarse. Pasa una hora tranquila haciendo cosas con tus hijos: ensarta cuentas para hacer collares y pulseras, haz maquetas con cajas y cartones viejos, o juega un rato con arcilla, plastilina o huellas de pintura de dedos. Hay muchos estuches de manualidades baratos con los que tus hijos podrán aprender rápidamente.

P *Mis dos hijos mayores (un niño de cuatro años y una niña de seis) no quieren jugar solos. Siempre quieren que juegue con ellos. No puedo pasarme el día jugando: también tengo un bebé de dieciocho meses del que cuidar. ¿Cómo hago para que se diviertan solos un rato sin que tenga que estar con ellos constantemente?*

R Si no lo has hecho aún, pon en marcha una rutina estructurada. Así podrás administrarte mejor el tiempo. El cuidado de tu bebé te absorbe mucho y habrá pocos momentos del día en que puedas jugar con tus hijos mayores. Aprovecha cuando el pequeño duerma para centrarte en los otros dos. Si no, cuando necesites que sigan jugando solos un rato, prueba la técnica de jugar y marcharse.

CÓMO FUNCIONA LA TÉCNICA

- Prepara una actividad que tus hijos puedan desarrollar sin ayuda. No tiene por qué ser un juego o un juguete, pero no se te ocurra dejarlos solos con materiales que manchen mucho o herramientas, como tijeras, con las que puedan hacerse daño.
- Siéntate con ellos y empezad a jugar. Explícales cómo se juega al juego o cómo se hace el puzle o cómo se ensartan las cuentas en el hilo. Hazlo tú unas cuantas veces.
- Cuando los niños estén entretenidos y se sientan cómodos con la actividad, márchate y sigue con lo que estuvieras haciendo.
- De vez en cuando, ve a comprobar qué hacen tus hijos, para que sepan que estás pendiente de ellos mientras juegan.

Consejo: Cuéntame un cuento

Los cuentos son una buena forma de crear vínculos con tus hijos. Inventa un mundo de fantasía y hazlo durar unas cuantas noches para que los niños esperen ansiosos el siguiente episodio. También puedes contarles cosas que hacías de pequeña o de cuando el abuelo era un chaval. A los niños les encantan las batallitas familiares.

P *¿Cómo mantengo entretenido a mi hijo mientras atiendo al recién nacido? Es muy pequeño para jugar solo mucho rato, pero tampoco quiero plantarlo delante de la tele si puedo evitarlo.*

R Me alegra que procures recurrir a la tele como canguro lo menos posible. Una buena forma de evitar que tu pequeño se irrite por el tiempo que te absorbe el bebé es la *técnica de la implicación*. Este método es uno de mis favoritos y funciona bien en muchas situaciones distintas, sobre todo con niños pequeños y bebés que empiezan a andar, pero también con niños mayores.

Se trata sencillamente de invitar a tu hijo a que participe en lo que haces. Encárgale una pequeña tarea y ve comentando en voz alta lo que hacéis: «¿Me traes la cuchara de plástico? ¡Muy bien!», «Ahora vamos a lavar las zanahorias para la cena. ¿Por qué no te subes a ese taburete y me las vas pasando de una en una? ¡Estás ayudando mucho a mamá!» La abundancia de elogios facilita mucho las cosas.

Los niños pequeños no distinguen entre trabajo y juego como nosotros. Ven este tipo de tareas como retos que los enorgullece superar. «Ayudar» a papá y a mamá les proporciona confianza y les enseña a ser más independientes. Casi todo se aprende divirtiéndose.

Como es lógico, tienes que encargarle a tu hijo una tarea que pueda desempeñar, de lo contrario se frustrará y te montará una pataleta. Llevar y traer cosas (dentro de unos límites: nada que pueda romperse), poner la mesa (perfecto para que el niño aprenda a contar), limpiar cosas pequeñas o lavar (jugar con el agua siempre es divertido) son buenas formas de implicar a tu hijo en lo que estés haciendo. Hasta un niño pequeño puede sujetar la esquina del edredón mientras cambias la colcha o ayudarte a clasificar la colada en ropa de color o blanca o barrer el suelo contigo usando su miniescoba y su minirrecogedor. La *técnica de la implicación* también es una buena forma de que los papás pasen más tiempo con sus hijos: ponle un chubasquero al niño y dale un cubo y una esponja para que ayude a papá a lavar el coche.

Ten paciencia. Con la técnica de la implicación, tardarás más en hacer algunas cosas, y mancharás más también, pero la ventaja es que terminarás haciéndolas sin privar a tu hijo de atención ni correr el riesgo de que recurra al mal comportamiento para que le hagas caso, que a la larga te haría perder mucho más tiempo.

Además, esta técnica viene bien para evitar, de paso, el problema de los celos. Un pequeño que participa en el cuidado de su hermanito se siente muy responsable y útil. Será menos propenso a sentir celos de la atención que le prestas al bebé porque tendrá un papel de hermano mayor que desempeñar.

P Mis cuatro hijos compiten continuamente entre sí. Los juegos casi siempre terminan en pelea, o como mínimo en enfados y malas caras. ¿Es demasiado pedir que jueguen juntos sin pegarse (tienen edades comprendidas entre cuatro y once años)? Los castigamos siempre que se pelean, pero no conseguimos que dejen de discutir continuamente. ¿Qué más podemos hacer?

R La competitividad moderada es saludable. Me parece una lástima, por ejemplo, que en algunos colegios supriman por completo los juegos o deportes de competición para que no haya perdedores u organicen actividades en las que todos ganen. La competición alienta al niño a plantearse objetivos y buscar el modo de lograrlos. También es bueno enseñar a los niños a saber ganar y a perder, y a trabajar en equipo para obtener resultados. Una de las formas de aprenderlo es el juego.

Sin embargo, si en vuestra casa los juegos siempre terminan en pelea, tus hijos no disfrutan del juego como deberían. Los hermanos pueden ser muy buenos compañeros. Ése es un aspecto de la vida familiar que también se está perdiendo.

Lo que puedes hacer, además de seguir castigándolos, es implicarlos en una actividad con la que aprendan a trabajar en equipo por un objetivo común. De momento, apártalos de juegos con ganadores y perdedores y haz que se centren en actividades de grupo, tanto tareas como juegos. También puedes respaldar el castigo con una gráfica o una torre de premios (págs. 207 y 210).

Te propongo lo siguiente para que enseñes a tus hijos a trabajar en equipo:

- Organiza una carrera de obstáculos con los juguetes de tus hijos, en casa o en el patio. Véndale los ojos a uno de los niños, y que los otros lo guíen por la pista con la voz. El que lleve los ojos vendados no podrá moverse hasta que sus hermanos le digan hacia dónde ir. Cuando haya completado el recorrido, será el turno de otro de ellos. Este tipo de actividad les enseña a cooperar y les permite centrarse en su forma de comunicarse unos con otros.

- Las yincanas también son buenas para enseñar a los niños a trabajar en equipo. Escribe algunas pistas en unos trozos de papel. Cada pista debe referirse a una ubicación distinta de la casa (o del patio o jardín si lo hubiera). No las hagas demasiado obvias, pero tampoco muy difíciles de resolver, para que el pequeño también pueda participar. Pon un premio al final y ve retrocediendo y dejando las pistas en distintos sitios. Después, diles a tus hijos que resuelvan las pistas entre todos para llegar hasta el premio. Anima a los mayores a que ayuden a los pequeños, y elógialos mucho cuando lo hagan. Se trata de que encuentren las pistas entre todos. El premio puede ser otra yincana o una salida de algún tipo.

Consejo: Mascotas

Las mascotas son una buena forma de enseñar a tus hijos a ser responsables y a trabajar en equipo: podrán limpiar la jaula y preparar la camita, la comida y la bebida del animal.

- Jugar con unos globos de agua en el jardín o en el parque también es una buena forma de estrechar lazos familiares. No hay ganadores ni perdedores: sólo hay que desmandarse y divertirse. De pequeña, en los días calurosos de verano, solía jugar a los globos de agua en bici con mi hermano Matthew y nuestros amigos. Era divertidísimo.

- Otra de las técnicas que me gusta usar es la del **equipo de limpieza**. No sólo se puede aprender a trabajar en equipo jugando, sino también con las tareas domésticas. Busca algo que haya que limpiar (el coche, por ejemplo) y equipa a tus hijos con las herramientas necesarias para hacer el trabajo; incluso puedes tirar la casa por la ventana y convertirlo en una fiesta, con pañuelos en la cabeza, cubos y fregonas. Asigna a cada uno de tus hijos una tarea concreta adecuada a su edad: que el peque limpie los guardabarros; el mayor, el techo; y los medianos, un costado cada uno.

Cuando tus hijos hayan demostrado que pueden cooperar unos con otros, devuélveles los juegos que motivaban las peleas y enséñales la **técnica del juego en grupo**.

CÓMO FUNCIONA LA TÉCNICA

- Elige un juego al que puedan jugar todos.
- Siéntate con ellos y explícales las reglas.
- Supervisa el juego para asegurarte de que no hacen trampas y respetan los turnos.
- Si quieren jugar a otra cosa, que guarden primero el juego al que estaban jugando antes.

El ciclo del cambio

Un planteamiento positivo es la clave para desmontar un ciclo negativo que destruye la vida familiar. Admiro enormemente a todas esas familias que han tenido el valor de romper el molde y liberar el potencial de sus hijos mediante el elogio y el estímulo. Tú también puedes.

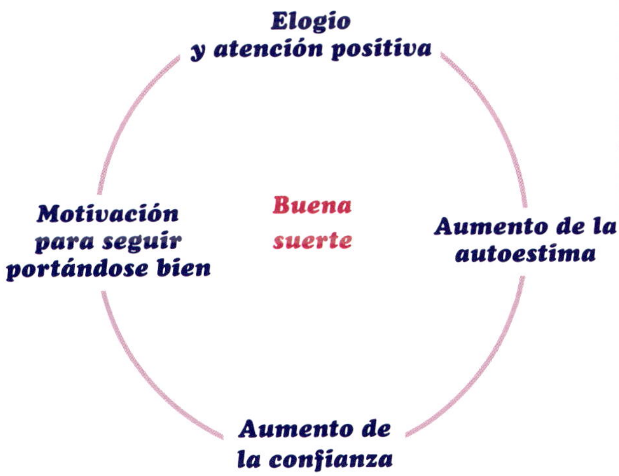

Z de Zzzzzzzz. ¡Felices sueños!

Índice